《和佛陀一起去修行》 增订版

從當下出發

陈阳 著

西苑出版社

图书在版编目（CIP）数据

从当下出发 / 陈阳著 . —北京：西苑出版社，
2011.7
ISBN 978-7-80210-714-4

I. ①从… II. ①陈… III. ①佛教—通俗读物 Ⅳ .
①B94-49

中国版本图书馆 CIP 数据核字（2011）第 119716 号

从当下出发

著　　者　陈　阳
出版发行　西苑出版社
通讯地址　北京市海淀区阜石路15号　　邮政编码：100143
　　　　　电　　话：010-64228516　　传　　真：010-64228516
网　　址　www.xycbs.com　　E-mail: xycbs8@126.com
印　　刷　北京市全海印刷厂
经　　销　全国新华书店
开　　本　710 毫米 × 1000 毫米　1/16
字　　数　130千字
印　　张　15
版　　次　2011年8月第1版
印　　次　2011年8月第1次印刷
书　　号　ISBN 978-7-80210-714-4
定　　价　99.00元（附 4 张 DVD 光盘）

目录

序：人生就是一个修炼的道场 / 姜燕红 001

原序：人人可学的心灵解脱之道 / 王文湛 003

自序：放眼人人是佛 / 陈阳 005

上篇　轮回

那一面的初见 002

太子悉达多 005

今生注定的仇敌 007

生老病死 009

太子得子 011

所谓“圣战” 013

阿修罗的诸神 015

轮回的奥秘 018

战争经济 020

生命是轮回的吗 022

诸神的游戏 025

堕落天神提婆达多 027

诸神的末日 029

苦行求道 031

生生世世的挚爱 034

琉璃王 037

悉达多成佛 039

佛陀与毒龙 042

佛无法可说 045
佛陀回祖国 048
“提婆达多佛” 050
提婆达多的来历 053
佛陀的祖国亡国 055
唯是佛陀，方能大爱 057

中篇　六道

从三个敌人到一个敌人 062
烦恼的三个根本 064
无处不在的无明 066
痛苦的根源是执着 068
佛陀的创见 069
宇宙到底有多大 072
宇宙会出生和毁灭吗 074
生命是从哪里起源的 076
宇宙中，共有多少种生命形态 078
须弥山是座什么样的“山” 082
有以欲望为主的宇宙吗 083
地狱到底有多恐怖 086
通向无间道的地狱 089

饿鬼们的吃喝问题 091
喜见糟糕的动物人生 093
指挥宇宙大战的将军 094
不安宁的人间之旅 097
重返天堂 099
天堂的生活有多舒服 102
在焰摩天活了一亿多岁 104
天堂里也能修行吗 106
时空中的能量转化 107

比孙悟空的七十二变更高级 108
魔王的郁闷 110
纯精神性的生命自由吗 113
初禅天的人长什么样 116
另一种地球人类起源的说法 118
提供最高品质快乐的地方 121
连快乐也不需要了吗 122
药师佛在什么地方成佛的 125
无形无相的宇宙存在吗 127
都“空”了的生命怎样活着 129
“全知”似乎不全是好事 130
真正一无所有的活法 131
万物起于此，也终于此 133
释迦文菩萨的个人打算 135
佛陀成道的事迹 139
佛陀的祖国为什么会灭亡 140
佛陀最后为我们说了些什么 143
无死亦无生的生命本质 145

下篇　彼岸

事物的真相 148
空是平等如一的 150
心的构造 152
不偏不倚的中道生活 154
觉悟的种子 156
隐藏着的珍宝 158
摆脱我执显佛性 160
倾听《金刚经》的交响曲 163
生老病死平等如一 165
常常观空心不老 167

维摩诘菩萨的病……169
死是一场小悟……171
无比珍贵的菩提发心……173
追求解脱的生活……175
永世不退的修学……179
人类社会的诸多好处……183
传承究竟是什么门……184
作为思维修的禅定……185
禅定修行……186
欲界定的历程……187
色界定的表现……188
无色界的四空定境界……189
缘起世间，世间如幻……190
三界的生成……192
对生命流转的观察……194
世出世间上上禅……196
起修四无量心……198
六度波罗蜜的一些要点……200
帮助每一颗佛心成长……202
人人是菩萨……203
一生解脱显佛性……204
以自己为宇宙……206
《华严经》中的法界……209
华严的正确知见……212
无悔的一生……213

后记……215

附录：喜见想要的那条河流……217

序：人生就是一个修炼的道场

2006年7月，母亲走了。她是我的精神支柱，没有了她，我连续42天失眠，悲伤、无助、绝望。很多朋友设法帮助我，一位朋友给我推荐了陈阳老师的《从当下出发》一书。我用了几天的时间拜读，这本书像巨大的磁石将我吸住。陈阳老师生动、深入地阐述了佛陀成佛之前生生世世的生命轮回，让我了解到：生命在无尽的轮转当中，一个有信仰的人，一个真心追求真理的人，会珍惜和抓紧每一世，善待自己和他人，实现生命的价值，以自己有限的生命，投入追求体验无上真理与至乐的大道，让生命甚至死亡结晶成生命中强有力的智慧烙印。

生命是一份恩赐，死亡是重新开始——这是何等积极的思想和信念啊。

这本书强烈地震撼了我，我第一次走近了佛陀。由这本书，我真的相信了佛学，相信了因果，相信了轮回，相信了生命是永恒不灭的。生命是如此伟大，一种形态不在了，它会换成另一种形态与你共生，我知道母亲仍然与我同在，如醍醐灌顶一般，这本书给了我光和力量。后来与陈阳老师沟通，得到了他的悉心指导，我研读了更多的佛学著作。

我坚信人生就是一个修炼的道场，我们要不断修炼自己，使自己的灵魂更光亮、更美丽，使自己的内心更喜悦、更宁静。慢慢的我将大乘佛学菩萨六度的思想与企业文化的建设不断融合，我感觉公司发展得越来越顺利、越来越和谐，与亲朋好友越来越融洽，自己越来越快乐。

现在我经常将《从当下出发》一书送给合作伙伴、亲朋好友，希望他们也能得到这本书带来的福泽，希望广大读者朋友能从这本书里得到启示。内心有了信仰，相信大家就会在人生起伏中内心平静、永远乐观、追求和谐。经历艰难时不沮丧、不愤怒、不绝望。我想这也是陈阳老师想用他的大智慧帮我们重塑“文化自信”，给我们福慧，让我们找到信仰，找到未来。我想这也是我们民族的希望和未来。

感谢陈阳老师和他的《从当下出发》。

北京春光置地房地产开发有限公司董事长　姜燕红

2010年3月于北京

原序：人人可学的心灵解脱之道

对于本书作者学佛修道的心路历程，尽管作为朋友，我的想像力却显得极为有限。这倒不是因为他本人对此讳莫如深，问题其实出在我们许多人的身上：越是最基本的有关生命存在之意义的审视和探讨，我们越是容易轻轻放过，不论这是由于不敢、不屑，还是无心面对；于是，当听说某个还非常年轻的人长时间在思索那些问题的时候，我们反倒啧啧称奇。

但无论如何，在一个大咧咧地把“真”字念作“直八”的年代里，一个对生活持着严肃态度的人，还是让我由衷地感动。也许是有了对作者生活经历的了解，开始拿到本书的时候，我毫不怀疑这是一部充满诚意的书；而仅仅翻阅了大约三分之一的篇幅，我几乎已经可以肯定，我最初的判断也将是自己最终的评价。

在我看来，诚意——不是那种纯粹觊觎读者钱包的“诚意”——是一部好书所应具备的一种基本品格，它不仅仅表现为作者所宣称的那些良好愿望，它还决定性地体现在把那些愿望落到实处的努力及其结果当中。这年头喜欢谈玄论道的人并不少见，但往往滔滔不绝而不知所云；因此，当绝大多数读者并不像我一样了解本书的作者是张三还是李四时，他们的确有理由怀疑，作者所强调的良好的写作意图——让每一个人与自己共享“心灵自由之道”——是否只是图书广告操作过程中的一个环节？

这样的怀疑将随着阅读的深入而逐渐消失。我们会很快得出以下印象：这部书的作者无疑是一个佛道修行有素的人。但对于大多数普通读者而言，他最值得称道的高明之处也许在于，把一些博大精深的教义形诸浅显易懂的叙述文字，同时又绝不等而下之。正如本书（尤其是前面部分）所呈现的那样，作者在佛学经典里找到了一个最有说服力的主人公，他以佛陀自己生命的历险历程为线索，以故事的形式展开生命轮回、心灵解脱的主题，使得轻松的阅读成为可能，也使得“阅读人人可学的心灵解脱之道”不再是一句虚妄之言。

此书前面的部分某种程度上的确可以定性为小说，或者说是一部出色的叙事性作品，比如书中对于宇宙中地狱、阿修罗、人间等可怕而又栩栩如生的描写，多少让人联想到但丁的《神曲》。

不过从整体上看，小说的形式其实只是一个幌子，至多也只是个壳；尤其在本书的后面部分——“彼岸”。当佛陀的“生命轮回”回归于心灵世界时，前面的时空结构、故事情节消解了，让位于纯粹的圣贤心法的阐释。但这并不意味着本书“可读性”的消失殆尽，因为“深入浅出”的原则仍然延续下来，而且叙事因素的消解，更容易让我们发现：对于禅宗经典的阐释，原来完全有可能以诗一般的语言来完成。

“深入浅出”的确是叙述中一种极为难得的境界，但这一境界的实现其实与写作的技术因素并无多大关系，真正的创造性源泉来自作者的一个信念：佛法从来不应该是高高在上不可企及的，它应该与我们的生命、生活密切结合，解决生命中的课题。他坚信这同样是佛陀创立佛教的目的。

……每一天都是好日子，每一个地方都是好道场，社会就是他的菩萨道场，就是他的金刚坛城，在此要随缘说法、随缘教化。

至于读者究竟能从本书中获得多大的益处，这或许还不是应该摆在第一位的问题。如果在打开本书之前，你的动机只是增长见识，那你显然低估甚至忽略了作者的写作意图，已经无所谓受益与否，你可以选择其他更可能“增长见识”的书；如果你在生活中志得意满，没有任何烦恼，本书对你而言根本就是一簿废纸。其实不论结果如何，当我们真切地感受到走入佛法的世界的需要时，我们的目的是相当单纯的：因为我们生命有烦恼，我们想超越，所以来学习。

王文湛

2004 年 12 月于北京

自序：放眼人人是佛

人生不息，学习不止。

为什么学习？

为了谁而学习？

如果只是为了学习而学习，心灵的解脱会永远是一句空话。

我们想学什么呢？

生命是一个很复杂的历程，我们穷尽一生，最想达到的目标是什么？

解脱，永远不再痛苦烦恼。

烦恼，种植在我们生命最深层的地方，发芽于生命中最深的住处。每一个人都会显现出自己的烦恼。

烦恼几乎在我们生命的每一部分里，要超越它，有时光凭空想像是没办法的，必须靠人指导，把它凸显出来，再破除它。

学习，不是为了学习而学习，是因为我们生命有烦恼，我们想超越，所以来学习。

要真正打破自己的烦恼，就要善于学习，向打破和超越烦恼的人学习。

在我们人类当中，有解脱了烦恼的人吗？

有，并且为世人所公认。这个人就是释迦牟尼，也就是历史上的佛陀。

让我们来了解和学习，借助佛陀所揭示的修行体系，建立这样一个生命历程：把我们一生所听闻、所思维、所行动融在一起，每天，每个时候都做检验，与佛陀的理论相对照，用心学习揣摩。最后，让我们达到无悔的一生。

无悔的一生，就是解脱的一生。

不再产生痛苦烦恼的一生。

佛陀关于人生解脱的方法，延续了几千年，被历代的人们认为是切实可行的。

虽然如此，我们身处现代社会，这毕竟是一个科学发达的时代，我们不可能只满足于“是什么”，我们还需要知道“为什么”。

这是我们可贵的探索与学习精神。

而佛陀的修行也是建立在严格、严密的宇宙观、生命观基础之上的。

我从大乘佛教经典（如《华严经》、《圆觉经》、《金刚顶经》、《大智度论》等）的视野出发，运用其中的有关论述，归纳出佛教基本的宇宙观和世界观；再以四部《阿含经》、《佛本生经》及《俱舍论》等佛教经论，总结出佛教生命观的基本构架，力图准确地再现佛教宇宙观与生命观的原貌。

我尽力运用现代科学的研究发现，来揭示和阐发佛教中那些古老的说法。例如，“色”我就译成“光”或者“能”，“相”我译成“形象”或者“视界”等等。

如果我在整个写作的过程中，只是满足于把原经典的话译出来，我相信这纯粹是在考验读者的耐心。

幸运的是，例如《佛本生经》等原典已经提供了解决这个难题的办法——以经典中佛陀自己生命的历险历程为线索，以故事的形式展开这一主题。

这样一来，宇宙观和生命观这一令人望而生畏的主题就不会是枯燥的论文报告，因为我们找到了主人公，他的所见所闻，会帮助我们轻松地阅读下去。

而且，为了降低大家的理解难度，更符合现代人的思维习惯，在此次修订版中，我们以《妙法莲花经》为依据，在佛教基本的宇宙观和世界观中，架构了一部玄幻小说，这就是此次修订版中出现在第一部分的《轮回》。

轮回——认识到生命是在无尽的轮转中没有办法自主，受尽苦难而只能随业滚转，是全部佛法的基础。理由无他，整个生命界的命运，原来：

同是天涯沦落人。

因此：

慈悲，大爱，爱自己更要爱别人、爱社会、爱整个人类。如能真信，便会真修，就能真成，一切从当下出发，一切随缘自在。

事实上，佛陀建立佛教的目的就是为了解决我们生命中的课题。不把佛法和我们的生命密切地联系起来，而只是满足于构建一个知识的体系，就违背了佛陀当年传教的目的。

所以，我想我做这个工作的目的，终究是为了对我们生命的超越解脱服务的，而不是只是告诉了大家“这样的见识”。所以，本书《轮回》、《六道》两部分，虽然都以佛陀前身“喜见”的生命轮转经历为主线，场景情景却并不完全相同。对于很在意写作风格的前后一致性的朋友，以及在意要完全按照“经典传统”表述的朋友，我仍然感到十分的抱歉。

这是一件吃力的工作；高兴的是，我终于完成了它。

我要把这件工作的全部功劳回赠给你们大家。

满目青山苍翠，放眼人人是佛。

陈阳

2010 年 1 月于北京

上篇 轮回

诸恶莫作　诸善奉行

自净其意　是诸佛教

——释迦牟尼佛

那一面的初见

无量久远劫之前，地狱。

一望无际的岩浆海洋，刀山峭壁，剑林莽原……无尽的哀嚎声，各种经受酷刑的生命挣扎沉浮，无数次的受刑致死，猩红色的业风吹过，又无数次的复活，腐烂的臭味弥漫整个世界……

喜见拖着已经被折磨得不堪入目的躯体，全力推着一辆不断地把手和身躯烧得火红焦烂的大铁焰车；一旁，是另一个受刑的罪囚。忽然，喜见的同伴因受不了酷刑导致的极剧痛苦，倒地打滚哀号不止，喜见止不住滚下泪来，萌发了在地狱中极其罕见的同情心，央求看守让自己的同伴稍微休息休息。浑身铁灰色面目狰狞的看守极其恼怒，举起手中的狼牙棒，一下子将喜见打死。

这一次，喜见并没有立即复活重新接受地狱的刑罚，他因为一时的善念，灵魂上升，升向高空的一片大光明……他向天界升去，转生到三十三天中。

天界。

天界里的人们都拥有“心想事成”的福报，举凡衣食住行只需要念头一想，立即实现。喜见在天界里结识了新朋友青陌。青陌早年成神，于是很尽心地将天界的种种告知喜见，并一再提醒喜见不可放纵欲望。但天界实在是太享福了，喜见很快就迷失在天界无忧无虑的生活中，也将青陌的话抛到了脑后。

天界也有战争，与堕落天神阿修罗的战争。

一次，喜见在战场上与阿修罗作战，被对方杀死，灵魂再次掉下地狱。

从天界那一片大光明向无尽黑暗的地狱坠落的过程中，喜见在无比的恐惧中，突然有了一丝明悟：

何人命不终，何物得永生？念随业风起，愤然相杀伤；当命如萎花飘零，片片归尘，惟有一灵不灭，终来地狱，一刹那间万杀万死，万死万活，万活万杀，无有了期……

一时愤然，递相杀害，世世相报，地狱中哀嚎响如雷霆直上九霄。

哀悯一切生命……

地狱。

与天界的生活相比，喜见在地狱的生活更加痛苦不堪。喜见保留着在天界的种种美好记忆，这令他更无法忍受地狱无休无止的折磨与刑罚。喜见在无边的剑林尖刺上无休止地爬行，希望能够找到一块没有剑林尖刺的平坦地方，结果一次次绝望。

多少哀伤和往事啊！刚开始，喜见还能清楚地想起以往，随着地狱剧苦生活的加深，他慢慢被绝望与恐惧全部占领，无休无止。直到喜见最后一次记忆的骚动，天界那些光明与美好慢慢消失在无边的地狱黑暗中。

就这样，不知过了多少年，喜见忽然生起一个念头：到底是谁在控制我的命运，让我经历这样的剧苦？

一刹那间，他忽然模模糊糊想起一个人的名字：燃灯佛。他不由自主地念了一声“燃灯佛”，随着这一声，整个地狱降下了一场清新的雨，这让大家都很意外，因为地狱中从来都是无休无止地降下陨石与火焰。

随着雨滴的缓缓降下，地狱铁灰色的空中，一尊佛陀的虚影猛烈爆出，光明大盛，由隐隐约约逐渐显现出来，越来越真实；地狱高空中的流火石雨一下子凝固住了，空间之中，梵唱声声深远，这尊佛陀化身，正是无量久远劫之前成佛的“燃灯佛”。

只见这尊从时间长河中突破重重障碍降临地狱的佛陀，伸出一指，指尖光明极耀极强，所有人不由自主低下头来，无法仰视。此光向地狱重重扩展，光明与地狱的铁灰色对撞，爆出了咔嚓咔嚓的空间碎裂的巨响。

地狱粉碎的声音惊呆了所有人。

一道彼岸的光桥凭空出现，此地的地狱众生，心生感应，喜极而泣，知道自己终于脱离地狱苦海了。

苦难，结束了。

喜见却沉默地望着燃灯佛。

虚空中，燃灯佛心有所感，出大梵音，响于喜见耳旁：你为何停留？难道你还留恋地狱吗？

喜见摇头：不是。请问，这一切苦难是谁造成的？

佛说：各自所做，各自承受，都是自己造成的。

喜见不语。忽然抬头问佛：您此次可以接引所有在地狱受苦的人吗？

佛陀摇头：我不能，佛不度无缘人。我只能接引此间受苦众生脱离

■ 家选饭王　乘象托胎

苦海。

喜见：既然如此，有什么方法可以度尽一切在地狱受苦的人？

佛陀说：有，一切众生成佛，即可度尽。

喜见：我愿意完成这件事情。

佛陀说：善哉善哉。无量劫前，你这样发愿；如今，你还能这样发愿，我心里真是无比安慰啊。

喜见：我们以前认识吗？

佛陀：当然。否则，我怎么会降临此地。

喜见：噢，我不记得了。但大家太苦了，我不能自己一走了之，我想帮助所有受苦的人。

虚空中，燃灯佛也显得有些动容：既然如此，我在时间的长河里逛得够久了，我一直在等你这样的人；如今，你终于出现了，我又怎能不成全你？让我来成全你，我将化作你的敌人，生生世世助你修行。

燃灯佛的声音渐渐远去，喜见的身上留下了一个美丽的莲花印记。

太子悉达多

人间。

广袤的森林和平原，古印度迦毗罗卫国的城池，一派茂盛繁荣。在千姿百态的人间，净饭王治理迦毗罗卫国有道，同王后摩耶夫人夫妻和睦。但是，摩耶夫人一直没有身孕。此外，列国林立的印度，国与国之间的战争杀伐无休无止。迦毗罗卫国与邻国乔萨弥罗国世世代代互相攻伐，结下了血海深仇。

一天夜晚，摩耶夫人突然做了一个梦，梦见自己站在一个草木繁盛的庭院之中，忽然天边降下天界的四大天王。四大天王抬起她，到天界请她沐浴；随后有一头白象进入她的体内。摩耶夫人随之惊醒。一个月后，摩耶夫人发现自己怀有身孕。

九个月后，迦毗罗卫国与邻国乔萨弥罗国再次爆发战争。但长久以来，迦毗罗卫国与乔萨弥罗国国势对等军力相当，净饭王实无把握作战取胜，因此愁眉不展。净饭王为了避开惨败或者惨胜的风险，派特使与乔萨弥罗国约定，约定将王后摩耶夫人的妹妹摩诃摩阇波提嫁给乔萨弥罗国的太子，以平复两国无休无止的战事。同样没有必胜把握的乔萨弥罗国国王经过朝廷议论，同意了净饭王的提议。

摩耶夫人产期将至。摩耶夫人在回娘家生产的路上，经过与其梦境几乎一模一样的庭院，摩耶夫人在树下生下一个男孩。消息传到迦毗罗卫国，举国欢腾。净饭王赶紧将摩耶夫人和孩子迎接回国。

在为自己的儿子举办的出生庆典上，净饭王宣布将此子立为太子，宫廷大学者为太子取名为“悉达多”。不料，一个疯疯癫癫的相士闯进太子的出生庆典，预言道：悉达多将来可以继承王嗣，成为统一整个印度的圣明君王。但是，如果悉达多在成年以前看见“生老病死”的人生现象并为之感到烦恼的话，必定会出家修行，并且会觉悟成佛，普度众生。

疯相士的预言，给净饭王得子的喜庆平添了许多忧愁。净饭王为了不让预言成真，刻意将预言的下半句对世人隐瞒，将相士也囚禁在禁忌之塔中，不允许其他人靠近。

悉达多出生七日后，王后摩耶夫人去世。

悉达多在母亲离世后，一直啼哭不止。只有摩耶夫人的妹妹摩诃摩阇波提出现时，悉达多才会停止哭泣，并对摩诃摩阇波提露出灿烂的笑容。

净饭王看了看摩诃摩阇波提那张与摩耶夫人酷似的面庞，再看看有可能实现他一生梦想、成为统一整个印度的圣明天子的悉达多，决定铤而走险。

在净饭王的紧急军令下，迦毗罗卫国的军队不宣而战，势如破竹攻进防守松懈的乔萨弥罗国。乔萨弥罗国被俘的军队长官质问：迦毗罗卫国为何不宣而战，毁约攻击承诺过的姻亲国家？

此次大战，因为乔萨弥罗国防守松懈的缘故，迦毗罗卫国大获全胜，乔萨弥罗国不得不求和谈判，愿意以本国太子为人质，长居迦毗罗卫国的质子馆中，以示求和之意。净饭王考虑周围列国林立，贸然吞并邻国，必定招来其他邻国的联合讨伐，于是采纳了贤能丞相摩诃那摩的提议，到边境上迎接乔萨弥罗国太子为质子，并与乔萨弥罗国签订不平等的停战协定，规定乔萨弥罗国赔付巨额的战争赔款。

净饭王考虑到与乔萨弥罗国太子约定婚约在先，此次又不宣而战，在列国中已经损害了国家信誉，于是听取身边大臣的提议，将宫中一个非常美貌的宫女冒充国王的妻妹摩诃摩阇波提，把她嫁到质子馆中，与乔萨弥罗国太子为妻。

乔萨弥罗国做人质的太子自然不敢提出异议，但为此不免耿耿于怀。被强迫嫁过去的宫女本已有了意中人，是迦毗罗卫国王宫中的一个侍卫尼犍子，此次却无奈嫁给他国质子，身为宫女一事也在质子馆中广为传播，在自己的国家里饱受屈辱。不幸的宫女与丧国失权的乔萨弥罗国太子同病相怜，二人的感情迅速升温，反倒同仇敌忾患难与共。

乔萨弥罗国太子和宫女不久生下一子，取名琉璃。

今生注定的仇敌

琉璃出生时，悉达多已经三岁了，拥有远超同龄人的智慧，经常搞得摩诃摩阇波提和宫女们很头疼，净饭王却非常欣喜。净饭王邀请国内最有名的学者和武师教授悉达多。

童年时期的悉达多太子脑海中经常出现很多幻象——许多不同时代的人的过往——相同的话语或者近似的季节天气等都会使得悉达多看见那些与自己所处时空完全不同的世界。一旦悉达多想去追寻幻象中的具体场景时，就无法再清晰地记起。

净饭王得知悉达多被幻象困扰，告诉悉达多那只是他臆想出的世界，都是虚假的。净饭王教导悉达多，要立志做一个伟大的"明君"，给他讲述迦毗罗卫国的悠久历史和先祖们的丰功伟绩。悉达多对净饭王很崇拜，也一直生活在父亲净饭王为他建造的"无忧宫"中。

净饭王很害怕相士关于太子会出家修行的预言实现，特意为悉达多建造了数座"无忧宫"，动用举国之力，将人世间的生老病死等现象从悉达多身边隔离。太子的身边从没有生老病死的现象，年幼的悉达多也就将成为"明君"作为自己毕生的追求目标，净饭王为此也倍感欣慰。但悉达多身边的伙伴宫女等经常无故消失，这使悉达多非常不理解，却从未得到明确的答案。

悉达多七岁的时候，机缘巧合下结识了禁忌之塔中的疯相师。年幼的悉达多偏偏与相师很投缘。悉达多抱怨说自己很孤独，相师预言他将有两位朋友陪伴。

果然，没过多久，乔萨弥罗国太子与宫女所生的儿子琉璃无意中走到了迦毗罗卫国太子的"无忧宫"。两个人一见如故，悉达多非常喜欢幼年的琉璃；孤独而备受屈辱的琉璃也很高兴能有个和他年龄相仿的小孩喜欢他。质子馆中的乔萨弥罗国太子和宫女知悉后，告诫琉璃，能够接近祖国和亲族的仇人，是一个大好的机会，这可以了解仇人和熟悉仇人。双亲正告琉璃：不论有多苦，都要坚持下来，接近悉达多，了解悉达多。因为将来，他们两人将分别成为两国的君主，作为世仇的两国，断无和解的可能。所以，不论现在友情如何，他和悉达多是命中注定的仇人，别无选择。

听完大内侍卫通报悉达多喜欢琉璃的事情以后，净饭王跟丞相摩诃那摩说：很好，真正的君主，就应该从小了解自己的敌人，知道他的弱点；将来，悉达多一定会将琉璃踩在脚下，让儿时的玩伴成为他一统印度的伟大征程中的完美铺路石。

于是，比悉达多小三岁的琉璃时不时来找悉达多，陪伴悉达多玩耍。背地里处处受到迦毗罗卫国王城侍卫的限制和管教。回到质子馆，双亲也用打手语的办法（怕迦毗罗卫国的密探了解），告诫他莫忘国仇家恨。

悉达多十岁了，一次玩耍时，悉达多和琉璃看到一只被射伤的大雁从天上掉下来，于是为它包扎治伤，这时一个背着弓箭的男孩向他们索要大雁。

前来索要大雁的男孩正是悉达多的堂弟提婆达多。三个人为了大雁争执不下，他们请来宫廷的学者评理，学者虽然为悉达多的辩论能力感到惊讶，但他还是认为大雁应该属于提婆达多。

提婆达多过来抢大雁，情急之下，悉达多把大雁扔向了空中。大雁在空中倏地消失了。众人都目瞪口呆，不知道是怎么回事。悉达多则在恍惚中仿佛看见了天空中有条隧道。

提婆达多随后也长住迦毗罗卫国，和悉达多一起接受迦毗罗卫国大学者和武师的教育。提婆达多生性骄纵，事事都争强好胜，现在和悉达多生活在一起，表面上表现得和和睦睦，但内心对悉达多的才华耿耿于怀。

悉达多一直展现着自己出类拔萃的才华，这让迦毗罗卫国宫廷上下和臣民们都欣喜不已，大家都相信疯相士说太子会成为统一印度的圣王的预言。确实，悉达多虽然年幼，但无论文学武功，他都能自然而然地融会贯通，那个时刻他心中一片宁静，每个名词深奥的奥义，每个武功动作的力与美，每种文学修辞的精妙，都如此清晰地浮现；对悉达多来说，其内在的含义都如此一目了然，使他学习一切都自然得如同行云流水一样。

净饭王常常眯着眼睛看着自己的太子，演武场上悉达多的动作完美无瑕，宫廷内外悉达多处处自然而无处不符合礼仪规矩。这使得净饭王和太子养母摩诃摩阇波提内心十分惊讶，并充满了慈爱和骄傲。

生老病死

年幼的琉璃虽然名义上是悉达多和提婆达多两人的义弟，但作为人质之子，经常受到宫廷上下背地里的侮辱和歧视。

迦毗罗卫国新建了一座宏伟的寺庙。落成之日，悉达多、提婆达多和琉璃相约去参观。看守的官员发现琉璃后，立即把他轰出寺庙，甚至将他站过的地方也深挖七尺重新填土。悉达多和庙官理论。琉璃突然间了解了双亲的痛苦与屈辱，跑回家中和双亲抱头痛哭，发誓要报仇雪耻。

此次，悉达多终于得知琉璃的身世，于是建议净饭王将其一家放回乔萨弥罗国去。净饭王给悉达多上了一课：作为国王，自己当年也曾经做过人质……悉达多对父亲的理论信服，并且表示理解为何要如此对待琉璃。

十四岁的时候，悉达多成年礼将至，宫中按惯例举行宫廷竞技大赛，悉达多不负众望，在文武两方面都远远超过其他的王子，博得众人赞叹，却又引起了提婆达多内心深深的嫉妒。

提婆达多处处和悉达多比较，但每每处于下风，渐渐心存恨意。有一次他无意中也发现了被关在塔里的疯相师，得知了悉达多身上完整的预言。

提婆达多精心设计利用琉璃，趁太子悉达多外出淹死了他的爱犬，却被净饭王及时发现竭力掩盖了过去。事后，净饭王大怒，将琉璃禁闭。

提婆达多偷偷带悉达多去看望生病的琉璃，并告诉了他完整的预言。悉达多听后不敢相信这是真的。

于是提婆达多带着悉达多到他母亲的坟前，悉达多非常震惊。此时，曾经照顾过悉达多的奶妈前来奠扫王后摩耶夫人的坟墓，悉达多看到她苍老的样子，不敢相信这就是儿时印象中的奶妈。从她的口中，悉达多了知了老、病、死，也了解生母去世的真相，悲痛地回到宫中。

悉达多很痛苦，不再觉得“无忧宫”里的鲜花艳、侍女美，他愁眉不展地回到寝宫反省。对于身边凡是生病的宫女侍卫、健马良犬第二天马上消失，凡是将要打蔫的花草第二天马上换走，悉达多自问自己其实一直很有疑问。但因为孝顺父亲和养母，不希望他们不快，一直以来不愿或者不敢深思。其实，自己早就隐隐约约知道吧？“无忧宫”里，这是一场大家积极配合演出的戏剧吧？

悉达多来到净饭王的面前告诉父亲，他为自己一直生活在与世隔绝的幸福假象中而羞愧，并决定出家探求解决病、老、死的真理和方法。

净饭王向悉达多解释这么多年一直欺骗他的原因和自己的担忧。他劝导悉达多，解决病、老、死的办法就是成为一个英明的君主，统一印度，彻底终结这万恶的战国时代，永远实现和平，用这样的君道去救助天下百姓。

悉达多觉得有道理，答应一试。

净饭王为了安抚悉达多，多次筹备盛大的选亲舞会，邀请各国贵族适龄女孩参加。

舞会上，悉达多的每个舞姿都从本性流露，他的嘴唇含着自信的笑，举动之中，荡漾着一种高贵的风华，他自然而然地进行舞蹈的一举一动，不但完全符合宫廷的礼仪，而且如行云流水，仿佛和天地融和为一体。

各国的公主们疯狂地爱上了他，不顾礼仪地争着邀他共舞。

于是，悉达多只好逃避宫廷，频频外出，积极救助迦毗罗卫国的病患和孤老。一次，他遇到了正在给一个病儿包扎伤口的女孩，两人互生好感。

选亲舞会上，悉达多例行公事地给每位参加舞会的女孩派发礼品，最后一个竟然是那个照顾病儿的女孩，原来她是邻国的公主耶输陀罗。于是他摘下了自己的项链作为定情物送给了她。

谁知在舞会上，提婆达多也爱上了耶输陀罗……

悉达多和耶输陀罗举行了盛大的婚礼。

提婆达多一气之下，主动参军离开了王宫。

新婚的生活很幸福，悉达多暂时忘却了生老病死痛苦的困扰，净饭王也暂时安心了。

乔萨弥罗国的老国王去世了，乔萨弥罗国的朝臣向迦毗罗卫国提出外交照会，要求迎请太子回国为君。净饭王考虑到乔萨弥罗国背负着沉重的战争赔款，早已经民生凋敝，不再是迦毗罗卫国的威胁；而且太子经历多年的质子生涯，早已被磨得志气消沉、懦弱无能。这样的太子为君，相比较乔萨弥罗国迎请一个有为之君，对迦毗罗卫国更为有利，于是净饭王答应了乔萨弥罗国的要求。

太子得子

琉璃随父母返回祖国，琉璃的父亲正式登上了皇位。但是，太后因琉璃的母亲身份卑微，逼迫国王将她打入冷宫，又娶了新的皇后，皇后很快也生下了儿子。太后不断要国王立次子为太子，但国王一直遵从到国家的传统——立嫡，仍将琉璃立为太子。

太后和皇后视琉璃为眼中钉，时刻寻找机会除掉他。琉璃在复杂的环境下，学会了忍耐，表面上软弱无能，内心里却一刻都没有忘记给自己带来这一切痛苦的根源——迦毗罗卫国。

耶输陀罗怀胎十月生下一子，悉达多望着年老的父亲，抱起新生的婴儿，又看到由于难产差点失去生命的妻子，猛然想起提婆达多告诉他的：骄傲无知的悉达多啊，你的亲母生产你的时候，因为难产，在生产后七天就去世了。悉达多不由自主地抬头：在那遥远的天堂，母亲就在那里吧？悉达多明显意识到了死神的近在咫尺，疾病、衰老与死亡，在黑暗中燃烧着火焰，深不可测如黑洞，散发着幽冥的鬼气，让人一想，就有仿佛要被拖到地狱的恐惧。生老病死如此可怕，悉达多自嘲地摇摇头：难怪自己在“无忧宫”里可以自欺欺人那么久。

悉达多空前强烈地意识到：生老病死轮回的痛苦其实始终徘徊在自己的身边，徘徊在自己至亲至敬的亲人身边。

净饭王听到侍奉太子的宫女的密报，很担心悉达多再次“走火入魔”，于是找儿子促膝长谈。悉达多接受了父亲的提议，决定尽己所能帮助人们。净饭王提议说，虽然悉达多是全印度少有的文学天才和武学天才，但想成为统一印度的伟大圣王，武学与军事才是最重要的。于是悉达多听从建议，前往军队效力。

净饭王嘱咐悉达多，先到“武备堂”熟悉军队的教育和军官的培养，深入到军官和军营中去，这才是君王的本分，轻易不要前往前线。

悉达多默默点头答应了。

提婆达多在军队中听说悉达多要来，于是借口侦察部队需要主官，离开了“武备堂”，去了前线，以此躲开太子。

■ 天上天下　唯我独尊

悉达多前往“武备堂”。但他渐渐地发现，统一印度所必需的战争远不像他想像的那么美好，他对所谓的“一统印度的圣王”之道产生了深刻的怀疑……

迦毗罗卫国全民皆兵，农时耕种，闲时军训。但只有刹帝利阶级（帝王和武士）才有资格进入“武备堂”学习“兵道”，成为军官。

“兵道”课上，悉达多听着教官声嘶力竭的宣讲：“我们的战争是统一印度的圣战，是结束万恶的战国时代的圣战，是还天下永远太平的圣战，只有我们是正义的，而我们的敌人总是不义的。

“武士们，骑上你的战象，举起你的战刀，将不义的敌人们送入地狱，大梵天神将会因此而迎接你们进入天堂——无论你们是战死，还是将来老死。你们都将因为这项功德，进入永恒幸福的天堂。”

伤兵营中，悉达多看着重伤无救的战士们在本国婆罗门祭祀祷告以后，被同伴一刀杀死，以便结束他们的苦痛，并且早日进入“天堂”。

每日例行的宗教祷告中，悉达多和军官们一起祈求大梵天神保佑祖国战无不胜，允许自己无论战死还是老死，都能够进入天堂。悉达多看着军官们祷告完以后，神情慢慢平和下来。

战俘营中，悉达多看着敌国的战士受刑，也看到他们同样虔诚地向大梵天神祷告，祈求天神以巨大神力毁灭敌人，祈求大梵迎接自己进入天堂——他们同样认为只有自己是正义的，迦毗罗卫国是不义的敌人。

所谓“圣战”

悉达多随着侦察部队深入敌国境内，看到自己的战士杀人、抢劫、强奸、放火，带回大包小包的财物，兴高采烈；也看到满含刻骨仇恨的老百姓的眼神。

侦察部队回营后，上交部分财物给军需处，其余自己享用，战士们很高兴。同时，在婆罗门祭祀的带领下祷告：神啊，这些不义的人，我替您管理他们的财物，声张您的光荣；请您接受他们，并且审判他们的罪，将他们打入地狱，永远不能超生。

悉达多看着部队每次前往敌国“实战演练”，总有战士重伤不治，于是祷告，而后补一刀“安乐死”——无论伤员是信仰坚定地平静受死，还是因恐惧占了上风而嘶喊躲避。

悉达多只是平静地观察，虽然一起行动，却从不杀人，不作恶行。提婆达多散布说，太子是个懦夫。然而悉达多在军队中的威望仍然一天比一天高，因为每次行动，他都亲自断后，以高超的武功不伤人，不杀人，照样击退敌兵，掩护其他人平安回来。

悉达多问军营里的一位老兵：“为什么我们信同样的神，说同样的话，却互相认为只有对方才是不义的，自己进行的才是正义的圣战？”

老兵回答：“太子，我历经九死一生，至今孤身一人，对生死，我早就看的很淡。我可以说实话给你听。

“这些所谓的圣战，都不过是在满足各国当权者统治更大的土地、更多的贪欲，哪里有正义可言？你看这些武士，到了敌国，强奸抢劫，跟强盗有什么两样？这样的灵魂居然会去大梵的天堂？想必那个天堂实在也不是什么好人待的地方。

“太子，各国的当权者没有人像你一样，会关心医术和药物，以提高治疗伤员的技术水平，让战士更好地活下来。他们只是借着神的名义，给伤员一刀，以免麻烦和财政上的负担。这不过是赤裸裸的谋杀。

“我们，都会下地狱的，不管是哪个国家，以什么样的所谓大义的名义。杀人的人，无论如何都没有资格进入真正的天堂，只应该进地狱。”

老兵的回答极大地震动了太子，他彻夜不眠。

■ 姨母养育　园林嬉戏

悉达多第二天见到了净饭王命人处死的老兵的尸体……

悉达多的心灵在老兵的尸体旁边，饱满而年轻地充盈着，好像刚刚灌浆抽穗的清甜玉米，内心却充满了惨烈的哀伤。老兵的话语绞碎了他长久以来的信念，精神裸露在惨淡的废墟上。逝者身上发出的慈悲光芒，锦被般遮蔽了他长久以来的迷茫和凄惶。为了这份慈悲和温暖，他发誓，愿意慷慨地献出自己的生命，来求证这一切背后的答案。

无量劫以来，一直有高尚的灵魂在世间穿行，当他们飞舞得疲倦了，就会找到一些头脑栖居，也许在高堂上，也许在蓬蒿中。负载这种灵魂的躯体是痛楚的，因为他们总在为一些虚无缥缈的理想而挣扎着，不单为了自己，也为了他人。被这样的灵魂选中，是荣幸也是悲哀。

真正的求道者，就是要做这样的人。

太子悉达多就是这样的人。

悉达多痛苦万分地看着老兵的尸体，离开了“武备堂”，前去寻找相师，希望得到相师的指引，却发现相师已经不见，只留下一座空塔。

净饭王因为处死老兵的事情败露和相师无声无息的逃离，正在对大内侍卫长大发雷霆……

悉达多丧失了做“统一印度的圣王”的信念，同时也失去了最亲近的两个朋友（堂弟提婆达多和琉璃）。老兵的尸体，相师的逃离，最后压倒了太子内心对父亲教导的无比信任。

阿修罗的诸神

悉达多静静地坐在后宫，多年来的亲身经历在脑海中一一闪过。最后，悉达多听到内在一个仿佛一直在持续的声音，他决意修行。

净饭王为了阻止悉达多出家，无奈之下将悉达多囚禁在“无忧宫”中，悉达多以绝食表示无声的抗议。耶输陀罗不忍悉达多的身体日渐消瘦，每日苦心规劝悉达多，悉达多仍不为所动，出家修道的念头已经占据了他全部的心。

提婆达多为让预言早日实现，让悉达多早日离开皇宫，假意规劝耶输陀罗和他一起帮助悉达多逃离皇宫。耶输陀罗明白了悉达多的决心，答应了提婆达多。

在提婆达多和耶输陀罗的帮助下，悉达多运用自己出类拔萃的武功，闪过大内侍卫，半夜悄悄走出王宫，到宫城御马监牵出他的坐骑“金蹄”，连夜逃离，寻找出世修行的道路。

悉达多来到林间，放归了“金蹄”。他遇到用袈裟作为伪装，诱捕动物的猎人。悉达多用华丽高贵的太子衣服换取了猎人的袈裟，正式开始了他的修行。

得知悉达多出家的消息，迦毗罗卫国一片哗然。净饭王因为伤心而得了重病。耶输陀罗也终日枯坐忧伤。

提婆达多却利用这一时机，拉拢国内的势力，渐渐地树立起自己的威信，又趁净饭王生病之时，联合众大臣说服净饭王暂时将国家交于他管理。净饭王因陷入对悉达多的思念中，无心料理国事，答应了提婆达多的要求；但，国玺仍由自己保留。

出家僧人打扮的悉达多，听闻路人称赞阿罗逻迦蓝仙人已经修道有所成，前去拜访，并拜他为师。在这里，悉达多学会了乞食持钵的正确方法，又学会了怎样用经文答谢供养。阿罗逻迦蓝仙人教导悉达多说，只有信仰诸神，才是修行的唯一真理。

悉达多运用阿罗逻迦蓝所教授的方法，进入深层次的禅定，并且经历了一个叫做喜见的人的故事：

修罗道。

悉达多在禅定中进入一个叫阿修罗界的世界中，这是一个被大片原始森林包围的星球，森林中居住着不同的原始部族，男人们强壮、丑陋而古怪，天生英勇善战，女人们则美丽异常。每个部落信奉一个神，他们遵从神的“教诲”终日厮杀，永无休止。

战败的俘虏被施以酷刑，在最惊恐的时刻被杀，他们的魂魄被用来祭献神灵。各族的神因祭献灵魂而强大。

喜见从地狱道转生到修罗道，并且成为修罗界一个部族的祭祀，每日“通灵”，负责将神的“启示”告诉族人。

喜见的部族接连被邻部族打败，不再有俘虏可以供奉天神，天神琉璃看到自己的力量被其他的天神超过，非常恼怒，决定违背天条，将《智慧之书》传于喜见，但要求喜见学会之后就将书烧掉，销毁证据。

得到《智慧之书》的喜见日夜苦学，利用书上的知识在各部族之间频频得胜，抓获了无数俘虏，将俘虏的灵魂献于天神。琉璃因灵魂供奉丰富，也增加了力量，在天神之中耀武扬威。

琉璃的骤然变化引起了其他天神的怀疑。

提婆达多为喜见部落的一名部将，擅长花言巧语，对喜见阿谀奉承。喜见生性多疑虚荣，对提婆达多的奉承却十分满意，将提婆达多视为心腹。

提婆达多怂恿喜见将《智慧之书》留下，以传给后辈族人。喜见被说动，虽然按天神琉璃的指令烧掉了《智慧之书》，背地里却抄录了副本。喜见为防副本被偷，终日将副本随身带着，连睡觉时也不敢放松。

不想，提婆达多已经被其他部族首领买通，提婆达多将一美女——耶输陀罗——献于喜见，喜见被耶输陀罗的美貌迷惑，提婆达多趁机偷走了副本，逃往邻族。

提婆达多偷取《智慧之书》的消息不胫而走，众部族都想得到《智慧之书》，到处流传着只要拥有《智慧之书》就可以统一修罗道的说法。提婆达多被到处追踪，终于有一日，被众部族围攻，《智慧之书》在争抢中四分五裂。

自此，《智慧之书》流传到各部族，拥有《智慧之书》的祭祀们都萌发了反抗神的意识，各个部族之间也掀起了更大的腥风血雨。

天界诸神之王得知了《智慧之书》泄露一事，下令惩处琉璃。琉璃为了将功赎罪，接受了诸神之王交于他的任务——毁灭人类。

耶输陀罗渐渐爱上了喜见。她的眼睛天生就能“通天”，得知琉璃即将毁灭人类，立即告知喜见。

喜见起初表示愿意接受神的惩罚，但耶输陀罗怀有了喜见的孩子，她说服喜见一起逃亡。于是，喜见和耶输陀罗在天神琉璃降下四十九日大雨前，造了一艘大船，带着十个孩子和十对动物上了船。

不久，琉璃降下大雨，雨水将修罗道淹没，没有上船的人都在洪水中惨死。喜见看见四处漂浮的尸体，心中懊悔不已，觉得都是因为自己的错误才造成了如此灾难，于是终日沉默不语，消极至极。

耶输陀罗顺利产下一子。喜见再次萌发希望，告诉耶输陀罗，自己已经将《智慧之书》刻于一个隐秘的石洞，等儿子长大要他重抄《智慧之书》，重振修罗。

他们遇到了在洪水中漂流的提婆达多，喜见怒斥提婆达多的恶行，却又被他的花言巧语迷惑，将他救上了船。

船上的食物越来越少了，喜见每日给大家发放极少的食物，以保渡过难关，但食物经常莫名其妙地消失。

耶输陀罗发现提婆达多偷食物，两人争执之时，喜见赶来，提婆达多失手将喜见杀死。

喜见感觉到自己脱离了修罗族的身体，漂浮在上空看着痛不欲生的耶输陀罗，带着新的感悟即将转生他世……

生命界刚刚萌发心智，人类还不能以自身力量强有力地统治国土的时候，各部落间互相争战，英雄辈出，企图获得天下。在所有强有力的部落背后，都有原始诸神的阴影，诸神为了彼此的利益，而支持自己挑选的部落进行战争。

频繁的战争，给人类带来了深重的苦难，死亡的恐惧和怨恨充满了世界，妖魔因此而产生。为了镇压妖魔，产生了许多巫师和萨满，他们从诸神中获得力量消灭妖魔。但是，无视怨恨和妖魔产生的根源，一味用残酷的手段镇压妖魔，这种只治标不治本的方法，就是阿修罗的正义吗？

轮回的奥秘

悉达多从禅定中惊醒过来，大汗淋漓。他询问阿罗逻迦蓝仙人："神明，其实是由众生创造的，众生的信仰是种子，众生的鲜血是沃土，众生的灵魂是阳光，于是诸神从无到有，从弱到强而诞生于众生界中。这有道理吗？那么信仰诸神就是真理又有什么道理？"此外，悉达多也问仙人，自己禅定中看到的那个喜见是谁，为什么喜见身边也有两个人，分别叫提婆达多和耶输陀罗？

仙人震惊不已，他建议悉达多去芭比罗山，那里有个郁罗陀摩子的仙人，修行很深，但是已经有二十年没有人知道他在哪里了。如果悉达多能找到他，郁罗陀摩仙人一定可以给他指点。

悉达多爬上九百九十九级台阶，终于在山顶的一个草棚下见到了郁罗陀摩子仙人，竟然就是那个从迦毗罗卫国后宫的宝塔中消失的疯相师。相师笑着说预言终于实现了，并说自己教不了悉达多什么，最多只能帮他"温习"而已。悉达多听了，心中很不解。

在郁罗陀摩子仙人的指导下，悉达多开始了"四禅八定"的禅修修行。他很快就得了"忍法"，内心极其喜悦……

悉达多沉迷于禅修的喜悦中，但仙人告诉他这一切其实毫无用处。这些都是悉达多被尘封的智慧，是他生生世世曾经亲身多次经历过的地方……

这夜，悉达多梦到广瀚无边的宇宙中，自己跪拜在一团光下，那光团伸手抚摸悉达多的头顶，说道：我是燃灯佛，现在我如你所愿，我将封印你已拥有的觉悟和智慧。你将在人间重新修行，祝你早日找到真理。接着他感到身体从无限的高空向下飞速坠落着，直到在梦中惊醒。

梦醒后悉达多来到仙人的房间，却发现仙人已经走了。

悉达多在梦境受到那团叫"燃灯佛"的光的启示，进行了深刻的思考，内心渐渐升起一丝明悟：

生命在生生世世的轮回转世当中，如果将前生前世的经验全部留在自己的"显意识"中，不但转世本身会出现困难（比如转生为人类，人类婴孩的大脑就无法承受这么强大的经验和信息。至于转生为畜生，畜生的大

■ 习学书数　成长困惑

脑根本无法纪录智慧知识的信息），而且还会有人格分裂的问题（将前世的感情带到下世）。

所以每一世，修行者都会努力锻炼自己的禅定能力，以自己强劲有力的定力，将自己世世轮转中的修行经验结晶成灵魂中的相对强有力的烙印。这样一来，转生以后，就有明显的修行习气和惯性。修行者的每次转生，都是新的开始，同时都尽可能发扬前世的精华，积累后世的力量。

同时，前世的智慧精华觉醒，要变成今生的智慧，还必须自己身临其境地经历和锻炼；只有经过锻炼或者经历，才能够将前世的经验提炼，与今生的人生结合，变成今生的智慧。

生命轮回中的不断失忆，对普通人，是诅咒；对修行者，则是一份恩赐。

悉达多在天亮时出发，决定独自修行，以期找到真理。

战争经济

悉达多一路乞食，走过印度很多地方。修行途中，他白天乞食，晚上用功禅定，在禅定中他一再看到了那个名叫“喜见”的人的生生世世：

人间。

从修罗道转世的喜见，这一世，转生在了人间。

这个人间大大不同于科技落后的古代印度，这里几乎没有了神的影迹，通过科学，人类不动声色的达到了“众生灭神”的文明程度。偶尔会有人在痛苦或者幸福时呼唤神的名字，聊以慰藉，仅此而已。

人类更相信自己，更相信高科技所带来的现代生活。通过外太空技术，人类能够源源不断地从太阳的光和热中获取能源。能源，再也不是阻止文明进步的瓶颈。

社会上，金钱地位成了人们狂热追求的目标，按照社会学家、心理学家的说法，人类原先所谓的“爱情”，不过是一种“性交易”，婚姻不过是经济水平低下时期的“合作组织”，所以大家也早已经超越了所谓的爱情婚姻。

人类文明进入了“物质生产过剩”时期，只有战争可以极快地消耗堆积在各国企业库房中的“过剩物资”，从而启动下一轮的“经济发展”——人类，正式进入了“战争经济”时期。

所谓“战争经济”，就是越打仗越有钱，越有钱越打仗。慢慢的，世界各国被十几家超级“跨国军事联合企业”所操控，这些超级企业为各国政府提供税收，为各国人民提供就业机会，不断地消耗着其他企业生产的物资，也不断地向其他企业下订单，保证其他企业的利润。

丧失了爱情信仰的人类，不再相信婚姻，整个家庭制度也逐步解体。如果有人生下了孩子，只需要将孩子交给政府——“孩子是社会的，不是某个人的”。在这种理念下，刚刚出生的孩子们，被政府其实是政府背后的各大军事企业抚养大。

不必亲自负担抚养孩子的重任，人类很随意，也很漫不经心地生产子女。其实，人类早就进入了“人口生产过剩”时期。

然而，负担着抚养重任的军事企业们却尽职尽责，并且重金奖励“英雄母亲”，感谢她们为社会提供了人口。

原来，这些孩子除了正常教育之外，从小接触和喜欢的游戏，就是军事企业开发的各种各样的射击游戏、战争游戏、杀人游戏。人类的价值观在“无神时代”也趋于统一：人只有一次生命，脆弱而短暂；小时候，他属于社会，长大了，他属于自己。人类没有权力选择生，但人类有权力选择死。安乐死，早已经在全世界合法。

从小丧失亲情，被教育职员、心理职员“标准化抚养”的人类的后代，对人生的认识就是：战争、杀人、经济发展、文明进步，在短暂的一生里，“自由”安排自己的生命。

从军企资助的抚养机构——学校中毕业，走上社会，从此可以“自由”地安排自己的人生，很多孩子本能地选择到军企中面试，做一个“战斗者”。

“单兵装备”的高度发展，使一个普通人在战场上完全可以达到无知无觉、有伤无痛、平静死亡的程度。士兵们在战场上受到的伤害，通过“单兵装备”可以及时检测出来，并且及时注射“啡吠类药物”，阻断痛觉神经，并立即得到各种转基因药物的救治。

被击中要害的战士，可以在“啡吠类药物”的帮助下，在“单兵装备”声色设备歌颂死亡的音乐和视频中，毫无痛楚地、静静地死去——就像一个悟透生死的圣人。

就这样，各国政府和军事企业通力合作，“有效地、精确地”控制着物资和人口的生产过剩，保证了人类文明的稳定。

就这样，喜见在这里出生、学习、参战，并且从战场上幸存了下来，在他五十岁以后，他当选为“世界军事企业联合体”领袖，成为凌驾于各国政府之上的实际的“世界管理者”。此刻，他正满意地俯视由他所代表的组织建立起的整个世界——各个现代化的大都市。喜见身后多个电视屏幕中，全是各国的实时消息，通过新闻可以看到世界各地都在大战……战争经济一如既往，如火如荼。

生命是轮回的吗

提婆达多此世也转生到人间，他是一名天分极高的科学家。跟这个时代的其他人一样，提婆达多学习、参战，幸存下来以后，他“属于自己”，没有家庭也没有家人，提婆达多跟其他人一样，收养了一条狗来弥补感情世界的需要。

最近狗病得越来越严重，提婆达多将狗带到了先进的宠物医院。医院里有的人在为宠物做绝育手术，有的人在为宠物做立耳手术，有的人在给宠物治疗……人们对宠物关怀备至。

医生为狗做了全面的检查后，告诉提婆达多，狗已经衰老，最好的办法就是将狗安乐死。

提婆达多情感上不能接受，医生告诉他，安乐死是对狗最好的解脱，还说，每天有很多宠物都被处以安乐死，这是人类科技对生命最大的贡献。

提婆达多犹豫过后，还是接受了医生的提议，医生为狗注射了药水，狗静静地看着提婆达多，慢慢地闭上了眼睛……

提婆达多因为宠物的死去十分难过，给狗买了一格墓地，将狗安葬。

是夜，提婆达多回到冷清的家中，想起狗给自己曾经带来的快乐，更为伤心，突然，家中一片黑暗，所有的灯都灭掉了，狗的灵魂出现在提婆达多面前，提婆达多大为惊讶。

狗的灵魂哀怨地说，因为提婆达多剥夺了他生命的权利，使他带着怨恨离开世界，哀怨纠缠着他，他只能徘徊在“幽界”，灵魂无法转世轮回。

提婆达多大为惊讶——这显然挑战了他的智慧，生命难道真有转世这一说？提婆达多解释说生命有自我选择死亡的权利，生命的终结不应该在剧痛和毫无尊严的情况下结束，生命可以自己做主，自己把握。

但是狗却告诉提婆达多，生命根本不是只有一生，生命是条永无尽头的河流。人为地选择，不过是通过药物的手段压制住生命对死亡的恐惧、怨恨和愤怒。然而在灵魂状态下，这些负面情绪失去了药物的压制，全都复苏了，并且变本加厉，使生命停留在“幽界”这一特殊时空中，那里早已经是充满仇恨、愤怒和毁灭一切情绪的地狱了。

出于对狗的爱，提婆达多泪流满面——人类对生命的理解，酿成了这样的悲剧，他真诚地向狗道歉。

提婆达多的话说完，包围灵魂的哀怨渐渐消失了，狗告诉提婆达多，提婆达多真诚的歉意化解了他内心的哀怨，他可以转生了。

第二天清晨，狗的灵魂又回到了他的面前，提婆达多还以为自己在做梦。狗对他说，自己为了报答他多年来的恩情，放弃了轮回的机会回来告诉他，天马上就要塌了。因为人类多年来的“战争经济”模式，已经在战场上制造了无数冤魂，那些战士在死亡的时候，借助“啡吠类药物”的压制，平静地死去了，随后却在灵魂的状态下，刹那间暴发出了全部的恐惧、愤怒，杀人的罪恶感，被杀的仇恨感，这样的灵魂充塞着整个“幽界”，“幽界”的众生们同仇敌忾，只想报复和毁灭欺骗了他们的人类社会。

人类的末日，就要到了……

越来越多的无法轮回的怨灵聚集在“幽界”里，怨灵们的怨气如此之大，“幽界”和人间的时空隔断马上就要崩溃了……

狗告诉提婆达多，唯一解救的方法就是人类真诚地反省自己的错误，向每一个幽灵道歉，使他们消除怨气的折磨，重新轮回。

■悉达纳妃　五欲娱乐

提婆达多回到研究所，同事激动地告诉他，人类的领袖喜见就要亲临研究所了，到时候媒体将向全世界直播，所有人都期待着这一激动时刻的来临。

提婆达多感觉，这是人类唯一的机会了。在直播现场，当喜见接见伟大的科学家提婆达多时，提婆达多告诉喜见，人类的末日到了，我们是错误的，生命根本就是轮回的。人类这样的文明模式，制造出了自我毁灭的终结者，人类只有很短的时间来制止文明的毁灭。

喜见保持着微笑，问提婆达多，他是怎么知道这一切的？提婆达多犹豫半天，科学家的良知迫使他直言：这是他的狗的灵魂告诉他的。提婆达多急切地要求喜见重视这件事，带领全世界的人们反省人类自身的行为。

喜见和观看直播的全世界的人们都嗤之以鼻。直播主持人说：很显然，这位伟大的科学家，至少现在是疯了，彻底的疯掉了。

提婆达多被投入精神病院。

三个月以后，天空变红，太空中一条巨大的触手降下来……这是由无数冤魂扭结在一起形成的触手，触手从太空降入天空……逐渐接近陆地，所有的人都惊惶失措，四处奔逃。旋转倾泻的冤魂们如同飓风，越来越大，不断变换膨胀，在地表爆炸，巨大的爆炸吞噬了周围的一切……爆炸，死亡，吸收，扩张，再爆炸，再死亡，再吸收，再扩张，冤魂们不断地循环这一过程，直到吞噬了整个地球……

喜见在爆炸声中跪地大呼：难道一切都是错误的？

诸神的游戏

悉达多从禅定中出定，想起自己在迦毗罗卫国“武备堂”的种种经历，一时心哀若死……这一次，他整整三天没有起身，盘坐在原地，无知无念，完全进入了“无想定”。

三天后，悉达多出定，起身乞食，往更远的地方走去……

白天，悉达多乞食完毕，晚上，他开始盘坐禅定，这次，他又了解了喜见的另一世：

天界。

人间的爆炸声中，喜见的身体解体，他的灵魂飘出来，他再次转生天界。

天界，奇花异草的仙境，空气中弥漫着香甜的味道，各路天人都拥有着和善的面孔，大家都穿着飘逸洒脱的衣服，使身体不会受到束缚。天人们不再为低级的情欲而痛苦，眼神的交会就可以让他们达到无比的性高潮般的快乐。天人们都早已拥有如高端电脑般发达的大脑，遇见任何事情，大脑都会快速地分析，罗列出所有可能性，并选择出最佳选项。

这里的生活殷实得让凡人无法想像，各色美食就在路边美丽的植物上挂满，随人任意摘取，天然的水帘如电视一般，将各地的信息及时传达，天人们可以任意在天上地下飞行，去任何想去的地方。至于排泄问题，就更为奇特，大地会自然吸收天人的粪便，随时将能量再循环，所以能量枯竭也成为不可能。

虽然这个世界中没有生存的压力，但是天神们照样有着各种苦闷。寂寞无聊，无所事事，不能触犯的众多天条，使他们几乎什么也不需要作也没有什么能作。唯一自由的就是自己的意念，但他们也只能流露出善念而隐蔽恶念，因为一旦恶念一出变成了实事，就会触犯天条，从此永别天界再次回到未知的轮回。有很多事情他们是做不到的，比如控制别的天神，或者拥有自己想像不出来的东西。喜见看到天神青陌变出来的宫殿壮观华美，得到很多赞许，于是想要拥有一个超过她的宫殿。可是每次变出来的都很丑，喜见懊恼不已。

喜见也喜欢青陌，可是无奈却得不到她的芳心。就是这样，总是有很多欲望，依旧无法实现，喜见几乎找不到什么高兴的事情了，他甚至绝望于这种生命不能承受之轻，并且永远受到代表善良的天条约束而没有发泄的渠道。

一日，喜见偶然发现了一条与外界的通道——时空隧道。由于很久以前，人类摆脱了天上诸神的控制，这条隧道随之荒废了许久，没有天人在快乐的时候会想起进入那些痛苦的世界。

喜见却如发现了珍宝一般欣喜若狂，这种感觉是他转生天界后从来没有的，喜见趁其他天人不注意时，进入了隧道。

喜见偷偷来到了人间，惊讶地发现人间的时空上方，居然隐藏着一个特殊的时空区域，在这个叫做“幽界”的时空里，塞满了无法转世的、来自人间的怨灵，他们时时刻刻被怨恨折磨着。

人间以“战争经济”的模式发展着自己的文明，完全被内心的欲望控制住的人类，引起了喜见极大的兴趣。人类甚至体察不到自身被欲望所控，还自以为一切在我手，一切只为自由。喜见还发现他可以任意地附在人类身上，控制对方的感觉，也可以控制对方身上的“单兵装备”，这更引起了喜见的兴趣。

喜见正好碰见一个被一群士兵包围的人类战斗者——青年琉璃。喜见附在琉璃的身上，痛快地进行了一场一对多的特种作战，喜见忽然觉得心情十分舒畅。琉璃惊讶自己竟然能杀死所有的敌人，十分兴奋。

控制琉璃，借助琉璃进行“战争游戏”，这份无比的快乐让喜见很快上瘾，喜见再也打不起兴趣在天界天天享乐，或者漫无边际地游荡，一有机会喜见就下到人间去控制琉璃战斗。

于是，在喜见的控制下，琉璃变成了一个战无不胜的超级战士，“猎影者”琉璃的大名传遍各个战场，琉璃这个名字甚至使战场上的敌人产生了畏惧的感觉，哪怕有药物的压制。

琉璃因为有喜见护身，一直安然无事，直到碰见了耶输陀罗。

某次秘密的军事行动中，琉璃偶遇耶输陀罗，两人交手，琉璃第一次遇到了自己无法战胜的战士。

堕落天神提婆达多

喜见也无法理解琉璃为什么无法战胜耶输陀罗，于是郁郁寡欢地回到天界，在时空隧道深处，他碰见了专门等候他的“堕落天神”提婆达多。提婆达多告诉喜见，众神放弃了人类以后，自己别无选择，只能滞留在天界和人间，来回徘徊，并且借机接引和自己拥有相同情怀的天神，加入“堕落阵营”。喜见恍然大悟，原来耶输陀罗是被提婆达多所控制的。

没能战胜耶输陀罗，琉璃十分不服气。大名鼎鼎的“猎影者”从此脱离自己所在的军事企业，加入专门与耶输陀罗所服务的企业敌对的军事企业。

就这样，琉璃和耶输陀罗有机会在战场上无数次交手，每次都打成平手。而背后控制他们两个的喜见和提婆达多也得到了极大的满足，二神的生命，也不再是漫长的无聊。

直到后来，琉璃慢慢爱上了耶输陀罗。

耶输陀罗跟这个时代的其他人一样，相信每个人都属于自己，每个人都只需要相信自己——爱情这种东西，不过是某种需要，却强加在另外一个人头上：或者需要所谓的父母或者保姆，或者需要钱，或者需要某人的美貌或权势来证明自己的社会地位。

总之，爱情是以前的人类太过愚蠢搞出来的笑话，耶输陀罗是绝对不相信的。

琉璃自愿死在了耶输陀罗枪下，并且拒绝了她的抢救，说自己明白了这个世界倡导的价值观之外的美好——爱，是如此美好。他十分感激耶输陀罗，现在他可以不必借助药物装模作样，他已经解脱了。

耶输陀罗惊讶地发现，自己居然在战场上流泪了。

这一切让喜见措手不及，但琉璃战败了，喜见也确实输给了提婆达多，于是只能愿赌服输，正式加入了“堕落阵营”。

一万年以来，人类中能够转生天界的人，终于出现了一个，居然就是杀人如麻，最后却明悟到了爱情的美好的“猎影者”琉璃。

成为天神的琉璃整日郁郁寡欢。看着失去了“提婆达多神”的保护，很快被杀死，现在滞留在“幽界”的耶输陀罗，他却无能为力——“幽界”

和天界，没有直通的时空隧道。

喜见和提婆达多出现在琉璃面前，引他到了那条时空隧道的深处，告诉他，只要通过这条隧道到达人间，然后击穿人间和“幽界”的“时空隔断”，他就可以永远和耶输陀罗在一起了。

与此同时，现任众神之王与“堕落天神”提婆达多达成协议，众神之王愤恨于人类的“无神”态度，也怕人类的战争科技越来越高，终有一日会“众生灭神”。他要求提婆达多再次毁灭人类，回报是提婆达多可以重归天界。

提婆达多嘲笑众神之王，上一任众神之王因为毁灭生命，现在在地狱里当阎王呢，他自己一直等着什么时候下地狱，实在没有兴趣再搞一次“毁灭人类”。再说，“堕落天神”的阵营日渐庞大，还不用和阿修罗打仗，回归天界有什么好？

嘲笑之后，提婆达多告诉众神之王，根本不需要“神灭众生”那么麻烦，人类已经制造出了自己的文明终结者，只需要用对了干部，这工作其实非常轻松简单。

于是，琉璃接到了众神之王要求他打通“幽界”和人间“时空隔断”的命令。

琉璃以天神的法力打通了“时空隔断”……

天空变红，太空中一条巨大的触手降下来……这是由无数冤魂扭结在一起形成的触手，触手从太空降入天空……逐渐接近陆地，所有的人都惊惶失措，四处奔逃。旋转倾泻的冤魂们如同飓风，越来越大，不断变换膨胀，在地表爆炸，巨大的爆炸吞噬了周围的一切……爆炸，死亡，吸收，扩张，再爆炸，再死亡，再吸收，再扩张，冤魂们不断地循环这一过程，直到吞噬了整个地球……

天神琉璃也被冤魂们卷了进去，徒劳地挣扎着，向耶输陀罗呼喊着，耶输陀罗根本听不见，只想毁灭人间的一切。

慢慢的，琉璃也成了怨灵中的一员。天界，众神之王得意地狞笑着。

诸神的末日

众神之王召开会议，并且隆重邀请堕落天神提婆达多参加会议。

提婆达多提出，“幽界”被封印的灵魂都是有罪的，而他们正是等待着最高智慧的审判，而处于轮回最高级别的我们才是唯一有这个权利的。

天神青陌和众神却在此问题上发生了争执。青陌认为应该加强修行，将杂念去除，才可完整地享受福报，但喜见却很赞同提婆达多的意见，认为有罪的低级灵魂不值得同情，而且将内心的欲望宣泄，才能有助于更平静地在天堂生活。

于是，众神表决此事，被压抑很久的天神们都不肯放过这一个可以宣泄的好机会，提出了许多冠冕堂皇的理由。众神之王则在内心隐藏着一个更险恶的目的：凡是信我一个神的，可以允许他来天界；凡是不信我的，就得下地狱。出于各种各样幽微险恶的想法，诸神一拥而上把这个同化人间成为“幽界”的时空变成了地狱……

众天神合力造出了三颗大太阳，先后运行到近地轨道，日轮边上的恒星火焰气象万千，大地上热流滚滚，各处腾起了冲天的火焰……

地狱，诞生了。

越来越多的天神参与了进来，这里对他们有着无尽的吸引力。不久，提婆达多在天堂的福报已到，当他进入下一个轮回的时候，却惊异地发现进入了自己亲手创造的地狱。他呐喊为什么？众神之王却狞笑着告诉他：没有人有权利惩罚其他人，惩罚别人的同时也就把自己陷入了地狱。说着神王用神力把提婆达多抛向了太阳，提婆达多贴在太阳的表层，经受着永无间隙的灼烧与折磨，这里受苦没有一刻歇息。神王给这里命名：无间地狱。

喜见问神王，既然你知道惩罚别人自己也会下地狱，为什么还要这样做？神王说，他觉得在折磨别人的那一刻他被一种无穷的力量控制着不能自拔，获得几乎证明他全部价值的快感，有一种疯狂的力量在支配着他，这是股在天堂压抑已久的力量，自己根本无力抵抗。

青陌看到众神执迷于控制地狱的快感，极力控制并自律着自己，终于寿终正寝，进入轮回，顺利升上了更高的一重天，色界。

■路逢老人　道见病卧

喜见因为早已经参与了惩罚怨灵，所以终日惶恐地等待着福报享尽、末日到来进入地狱的时刻。于是他把所有的压力都转为变本加厉地对地狱众生施暴。终于有一天，他再也受不了为时不远却未知的业报，他绝望地纵身一跃，投到了三日齐煎的地狱，当永恒的灼痛迎面扑来的时候，他却感觉到了从未有过的绝望背后的安宁……

青陌在色界过着像光一样无所缚羁的生活，却感到无尽的空虚。地狱的力量就像挥之不去的永恒诱惑，回响在她的耳边。她终于忍不住走向了时空隧道的门……

苦行求道

悉达多从禅定中出定，他开始系统地思考全体生命摆脱轮回的办法和解决痛苦的真理。

悉达多在自己深沉的禅定中，周遍地观察了过去、现在、未来；也穷究了宇宙六道众生的种种苦况，从内心底里感悟到：一切生命，包括诸神和人类所受之苦，所惧怕之事，归根结底都是被欲望所驱使，这三个欲望就是“贪”“瞋”“痴”。这个世界上所有生物都受到欲望的驱使和折磨，这使他们无论怎么发展都逃不出悲剧的宿命。悉达多决意找到战胜欲望之路，以解救众生！

悉达多认为欲望源自身体，欲望又喜乐怕苦，于是他反其道而行之，修行控制身体，所以他决定苦修，想要断除欲望。于是他前往迦叶山，寻找一片清净之地去修苦行。

提婆达多一方面扩展在迦毗罗卫国的势力，另一方面截到密报，了解到琉璃的祖国乔萨弥罗国其实私下积蓄国力，国家日渐强大；提婆达多压下谍报，打算利用琉璃，达到自己继承王位的目的。于是提婆达多派遣特使，暗中和琉璃来往，鼓励他早日继承王位，好为自己以后的目的打基础。

提婆达多又派人寻找悉达多，悉达多正游历印度各地，形如乞丐，密探打探不出。于是提婆达多又派人散播悉达多背叛祖国出走他国的谣言，以为见到他的城邦能给予信息回馈。悉达多此时正路经摩竭陀国，国王频婆娑罗王见到悉达多被他的魅力征服，希望悉达多能够留下，悉达多婉拒了频婆娑罗王的请求，答应他在自己成道之时，一定回来教导他。频婆娑罗王好心地派人告诉净饭王悉达多的近况，于是，提婆达多和净饭王、耶输陀罗等都知道了悉达多的下落。

悉达多进入迦叶山，开始苦修。在此他认识了五个苦修的同伴，互相督促，互相鼓励。

耶输陀罗在悉达多走后一直苦苦期盼他能早点归来，甚至希望他受不了修行之苦半途而返。在得知悉达多修苦行的消息后，她决定去找他。

提婆达多知道耶输陀罗要去找悉达多后气急败坏，收买了耶输陀罗的宫女打算害死悉达多。宫女按照提婆达多的吩咐，准备了一篮毒水果给耶输陀罗。

而此时的悉达多经历种种苦修，已经能控制身体的欲望，但是他始终觉得心中有无法割舍的混乱如麻的杂念。

悉达多更加彻底地实行苦修，一日食一粒山中野麻，由于苦行日益憔悴，体力渐渐不支，却未能参透所悟。

耶输陀罗坐着马车赶了五天的路，终于来到了悉达多修行的树林，她抛下随从，带了一篮水果只身走进树林，看到了奄奄一息但依旧盘坐的悉达多。

耶输陀罗看到了正在树下修行的悉达多，她见到他枯瘦的身体和憔悴的面庞忍不住痛哭起来，拿苹果给悉达多吃，两人推来推去，悉达多始终不肯面对耶输陀罗。耶输陀罗告诉悉达多，他走后净饭王和王后摩诃摩阇波提各自大病一场，儿子罗睺罗已经学会说话对着她喊“爸爸”……悉达多看到曾经的爱人因为自己而哭泣憔悴，又听到家人的消息，百感交集。

是夜，耶输陀罗无论如何都不肯离去，要求枕在悉达多腿上睡觉。悉

■路睹死尸　得遇沙门

达多无力地说了一阵子出家人的戒律如何如何，看到耶输陀罗伤心欲绝的眼神，于是默许了。悉达多无法入睡，面对耶输陀罗，回想起她的话语，悉达多几次忍不住想去抚摸她的脸颊。由此，悉达多猛然觉悟即使身体已经被控制至此，心中所欲仍不得消解。他感慨万千，突然发现自己又错了，错的是：他原以为欲望源自身体，其实，欲望本身仍然是人想出来的，断掉它也不过是个人的想法，欲望和断掉欲望这两个想法还是在战争。苦修，也不过是在压制痛苦。

清晨，他把那篮水果放在耶输陀罗的身边，只把耶输陀罗送到他手上的那个苹果带在身上，然后徒步离去。

悉达多艰难地走到一条宽广的河边，面对着湍急的河水，他忽然觉得心灰意冷：修行之路到底如何才能继续？悉达多自问：苦修到命悬一线，看到曾经的爱人以后，却仍然生起种种欲念，寻求真理到底有什么意义？

悉达多捧着苹果许久，他突然觉得对身体的苦行折磨实在是没有意义，终于……他咬下了苹果……

悉达多吃下毒苹果，被毒攻心，一头栽进湍急的河水中。

耶输陀罗醒来不见了悉达多的踪影，她心灰意冷，奔向河边，纵身跳进河里。

两人昏迷在河中，冥冥之中仿佛看见了彼此，也看见彼此前生的故事……

生生世世的挚爱

前生他们曾是一对狐狸，当它们在森林里相遇，就深深地爱上了对方。它们在山谷里奔跑，在清泉边嬉戏。后来，它们有了三个可爱的孩子。公狐狸为了给孩子和妻子寻找食物，到猎人经常出没的山林里去捕食。

有一天母狐狸一直等到天黑也没有等到公狐狸回来，于是她跑到山林里找他。突然她听见扑通、扑通的声音，小心地走近一看，原来公狐狸掉进了猎人的陷阱里，正在一次次地努力跳上来，但陷阱实在是太深了。母狐狸心急如焚，她围着陷阱不停走动，突然她想到了什么，向悬崖跑去。在那里，她找到了一根很粗很长的藤蔓，她用牙齿把它咬断，拖到了陷阱。她让公狐狸叼住藤蔓，而自己奋力往上拉，但是因为刚刚生产，她实在是没有力气。

经过多次的努力，她始终不肯放弃。这时，天已经亮了，公狐狸听到了猎狗在叫，他知道猎人快来了。于是他劝母狐狸不要再拉了，赶紧逃跑，可是母狐狸不听。猎人一步步近了，公狐狸在最后时刻咬断了藤蔓，把自己捕获的食物奋力抛给了母狐狸，让她赶快逃跑去抚养孩子，然后别过脸去不再看她。母狐狸含泪叼着食物跑了，身后传来猎狗的狂吠……

当耶输陀罗被救醒的时候，依稀记得那个关于她和悉达多前生的故事，她还仿佛听见悉达多对她说：这一世，他为了探明真理救助众生，依旧不能和她相守，希望她照顾好家庭和孩子。前生他无法救她是因为他的力量太小，而等到他获得真理的无边伟力，他将解救她于痛苦中，并将普度天下所有众生。

耶输陀罗泪流满面，她感觉自己的男人不再是昔日那个太子了，而成了一个真正的修行者。她痛苦地想到，可能和悉达多尘缘已了，也似乎理解了悉达多的修行心愿。但耶输陀罗仍陷于失去悉达多的痛苦中，带着无尽的伤痛，踏上了归乡的道路。

悉达多在河中漂流，河水进了胃中，毒素被河水稀释，他慢慢苏醒过来。得以重生的悉达多回想起梦中狐狸所说之话，了解到：生命中的欲念

■立志出家　声色不染

并不全是恶的，其中也有光明和积极的部分，于是他又恢复了生存下去的信心。

他慢慢地爬上岸边，无奈身体太虚弱，又昏了过去。

悉达多被经过的牧羊女难陀波罗用一碗乳粥救起。他接受了难陀波罗的供养，留在了下游的森林里。

和悉达多一同修行的五个人寻找他而来，看到他接受牧女的供养，误解他已经堕落放弃了修行，于是不声不响离他而去。

耶输陀罗回到王宫，提婆达多得知宫女任务失败，生怕暴露他的野心，想要加害宫女，宫女重伤逃回耶输陀罗身边，将实情告诉了耶输陀罗，耶输陀罗原谅了宫女，宫女微笑着死去了。

宫女的死使提婆达多加快了篡权的步伐，不想净饭王接到了耶输陀罗的消息，突然回宫，提婆达多计划失败，逃出国去。

净饭王派人到处找寻悉达多，未果。净饭王十分担心，耶输陀罗将悉达多的决心告知净饭王，净饭王叹息预言终将实现，也不再派人找寻悉达多了。

悉达多用吉祥草铺在菩提树底下。入夜，他庄严地举起右手发誓：我以我的心起誓，如果此次不能透彻地了悟真理，我将不再起身，直到坐死在这里。

悉达多闭眼入定，脑海中蓦然闪出一段段不同世界的画面：地狱，修罗界，人间和天界，每一次都有一个拥有莲花胎记的人——唤作喜见，为了文明的发展努力着，甚至不惜背负众人的骂名，不惜失去生命，但是，最后却都面临人类毁灭的结局。

地狱：喜见得到燃灯佛的启发，决定寻找生命解脱之路。

修罗界：喜见与耶输陀罗造好大船，带着孩子们在海上漂泊，救起了水中遇难的提婆达多，最终却被饥饿的提婆达多杀死。

人间：喜见作为人类的领袖，不断提出有利于人类发展的举措，当他亲自面对科学家提婆达多的警告之时，他却无法理解，结果人类被无数的怨灵集合而成的能量毁灭，毁灭的那一刻，喜见也没有想通自己究竟错在哪里。

天界：喜见发现了一处秘密通道，在众天神表决之下，通道另一端的“幽界”被天神们变为了无尽的地狱。喜见也享受在地狱中宣泄的快感，终于有一天，他再也受不了为时不远却未知的业报，他绝望地纵身一跃，投到了三日齐煎的地狱，当永恒的灼痛迎面扑来的时候，他却感觉到了从未有过的绝望背后的安宁……

琉璃王

投奔于乔萨弥罗国琉璃太子处的提婆达多成为琉璃的谋臣，他处处给琉璃出谋划策，琉璃听取提婆达多的卑鄙计谋，杀害了几个兄长，监禁了父亲，篡夺了国王之位。成事后的琉璃，现在是琉璃王，在牢里见到了父亲。父亲跟琉璃说：一直观察着琉璃对兄弟们的赶尽杀绝，也一直在等着琉璃来杀他。他这一辈子才能平平，没有琉璃的雄才大略，自己没有能力报灭国之仇了，所以很欣慰仇恨的种子终于在琉璃的内心结果了。虽然他也痛惜其他儿子的死，但一个真正的君王只能如此选择。

琉璃的父亲正告琉璃：一定要灭掉迦毗罗卫国，一定要复仇。同时告诫琉璃，本国还没有做好准备，迦毗罗卫国还很强盛，不是翻脸的时候，要求琉璃将他杀了，将他的头送到迦毗罗卫国乞求谅解；并且一定要杀了提婆达多，免得迦毗罗卫国起疑，坏了大事。琉璃的内心痛苦不堪，跪倒在地，父亲呵斥他，命令他只能在必要的时候，跪给敌人。

随后，父亲当着琉璃的面服毒自杀，以此成全他，让他再也没有任何兄弟或者父亲的障碍，成为一个真正的王。

琉璃的母亲得知丈夫已死，悲痛欲绝，也喝毒药自杀。琉璃肝肠寸断，质问她为什么要这样对待他，母亲告诉琉璃，她从没恨过丈夫，丈夫死了，她也不再留恋尘世，并嘱托琉璃应放下仇恨，好好治理国家。

琉璃悲痛万分……

三天后上朝的琉璃王，整个人变得阴森恐怖，第一时间将帮他篡权的几个前朝老臣一律处死。提婆达多接到牢里内线的报告，连夜逃离了乔萨弥罗国，从此，成为迦毗罗卫国和乔萨弥罗国共同通缉的罪犯。

琉璃王随后将父亲的头颅用石灰保存，送到净饭王处，表示驯服。净饭王和迦毗罗卫国的大臣都倒吸一口凉气。丞相摩诃那摩顿足说：当初只是看到那个当质子的乔萨弥罗国太子无能，没想到他有这样厉害的儿子。此子思维深远，行事狠毒，一定是迦毗罗卫国的大患；如果不早日除去，后果不堪设想。

净饭王挥手制止了朝廷中的纷纷议论，长叹一声：悔不该当初啊。现在，迦毗罗卫国天灾频频，水旱失利，人民流离失所；而反观乔萨弥罗国

■ 游观农务　起慈悲心

的使臣，明显视死如归啊。琉璃的父亲这一招太厉害了，正所谓哀兵必胜，他以死亡和最大的屈辱，激起了乔萨弥罗国上下的复国之心，现在的乔萨弥罗国众志成城同仇敌忾，已经不是我们能够征服得了的了。

提婆达多在逃窜流亡途中，路遇因苛政重税、天灾瘟疫而流落他乡的迦毗罗卫国国民。从他们的嘴里，提婆达多得知，大家都在为悉达多的离去难过，都称：如果悉达多继位，国家就不会变成这样。提婆达多恼怒于为什么自己永远超越不了悉达多，愤恨之极，甚至引来了魔王波旬。

波旬惊讶于提婆达多的心魔之大，又嘲笑提婆达多无能；提婆达多巧妙地刺激波旬，说悉达多是一个连魔王都不能战胜的人。波旬不相信世界上有这样的人存在，决定前往一探悉达多。

悉达多正端坐在菩提树下。

悉达多在禅定中看见了自己前生的种种，很多都是他曾经看到的：

喜见在地狱里发愿修行……修罗界的祭司、人间的首领、天界的天神、牲畜道的狐狸……原来自己的世世前生都叫“喜见”！每一次轮回，喜见都想引领人们摆脱苦难，却世世失败……但每一世经历，他都向成佛迈进了一步，并一层层悟道成了释迦文菩萨……

悉达多成佛

天界，兜率天宫。

喜见——释迦文菩萨静默地坐着。

他张开眼睛，各星系扑面而来……银河系……银河系边缘……太阳系……地球。

释迦文菩萨看着蔚蓝色的、缓缓转动的星球久久不语。

一道灿烂的光闪过，燃灯佛和他的随侍菩萨出现在释迦文菩萨大殿前的广场上。

燃灯佛出列，单手竖起，稽首问询：菩萨，我的孩子，我可以和你谈谈吗？

释迦文菩萨：尊敬的导师，这是我的荣幸，当然可以。

燃灯佛走进大殿，坐在释迦文菩萨的对面，他的侍者随立身后。

燃灯佛：菩萨，我的孩子，你下一世就要去那个苦乐参半的地球了，要在人间接受磨炼，完成你的工作，然后觉悟成佛。你要去的地方并不好，你确定自己要这么做吗？

释迦文菩萨：导师，最初我们见面结缘的地方，是地狱吧？和地狱的苦难相比，地球简直太小儿科了。

燃灯佛：这倒也是。

释迦文菩萨深有意味地看了看燃灯佛：导师，我下一世你也要跟来吧？您又有什么新花样？

燃灯佛：我想了半天，奈何创意枯竭，真是丧气。看来，我只能用老办法了……我还是打算在你降生人间后，化身投胎转世，并且再次做你不死不休的敌人。

释迦文菩萨很惊讶：可是导师，这一次不一样了，我此次降生，是注定要成佛的。你以化身前来，就只能在人间做凡人，你的化身如果跟过去生生世世一样害我磨炼我的话，即使是你的化身，也照样会下地狱的……

燃灯佛深情地看着释迦文菩萨：你是我最好的学生，当你还是个根本不知道佛法为何物的凡夫的时候，你居然能在地狱那种地方，发出愿为一切生灵解脱痛苦而求道的大愿，当时我们不就是在地狱结的缘吗？我在时间的长河里等了那么久远，才等到了你；下一辈子，你将成佛，而我将再次回到地狱里，这不就是真理的本源吗？最终的，必回到最初；最高的，必回到最低。高高山顶立，深深海底行，这是我的心愿啊，我的孩子。

释迦文菩萨双手合十，面上一滴清泪缓缓而下。

燃灯佛：菩萨，我的孩子，如果你已经决定，我将抹去你所有的神通智慧，令你再次做回凡人，直到你真正成佛。菩萨，我的孩子，我已经决定了，我曾经陪你走过最苦难的旅程，所以这次，我将作为你不死不休的敌人，同你一起转世降生地球。

菩萨，我的孩子，来世你我重逢的时候，没有燃灯佛，却有提婆达多。

菩萨，我的孩子，来世，你，释迦佛陀，注定要陪着地球上的人们，用你的慈悲与智慧去温热所有的苦难和寒冷。

菩萨，我的孩子，人世间无论怎样的繁华与显赫，人生仍然无法消解病痛与死亡的原苦；而你，将最后一次经历，从此彻底远离，永恒解脱。

菩萨，我的孩子，在你的来生中，你将成长并且觉悟。而后，你将引领你的人民达到觉悟，让诸佛的智慧在他们的内在表现出来，成为光与热……就像豹明白了它的奔跑；就像鸟明白了它的飞翔。

菩萨，我的孩子，你还记得你最初修行的目的吗？

释迦文菩萨：我尊敬的导师，我当然记得，生生世世，无论记忆或者遗忘，我从来没有忘记。

人间。

悉达多在禅定中看到那个喜见——释迦文菩萨，慢慢地走来，喜见说："我是你的心，你终于找到我了。"

喜见扑过来，与悉达多合二为一，悉达多蓦然回到现实。

魔王波旬降临到菩提树前，向悉达多发动攻击：

漫天的洪水，到了悉达多跟前，却平静无波；

漫天的火焰，到了悉达多跟前，却变成朵朵开放的白色莲花；

赤裸裸的各种美女，刚刚扭到悉达多跟前，却变成一具具扭来扭去的骷髅；

一支军队向悉达多发起进攻，刚到跟前就全体跪倒不起；

漫天的利箭射过来，刚到悉达多跟前，却变成一朵朵金色的小花……

悉达多依旧连眼睛都没有睁一下。提婆达多简直无法相信这一切，他转身赶紧跑掉了。

波旬看了一眼他的背影，冷哼一声，继续徒劳地努力着。

悉达多闭眼看到漫天的星光，犹如金沙，全体扑入自己体内……然后，悉达多顿悟了，彻底抛开了“我执”。魔王波旬变化出来的所有武器全都消失不见了。

他悟透了终极真理，全身散发着万丈金光；现在，他不再是那个苦苦修行的迦毗罗卫国的前太子，而是得道的圣人——佛陀。

魔王波旬站在原地大口喘气，不知所措。一片亮光闪过，全印度人崇拜的大梵天神释提桓因降临，他很恭敬地对着佛陀三拜九叩，然后说：“波旬，你就不要再折腾了。现在，面前的这位圣人，完全够格做你我的导师，你皈依吧。”

于是波旬也跪倒，三拜九叩。

佛陀张开眼睛看了看他们两个，然后又慢慢闭上，释提桓因紧张了起来，喊道：“伟大的觉者，尊敬的佛陀，您不能这样，众生需要你的救度，你怎么可以现在就进入涅槃？”

佛陀只好再次张开眼睛，说：“你们不要再说了，我觉悟的这个，实在无法运用常规思维了解。何况，众生只能自救，我的救度，只是帮忙而已，又有几个人愿意相信这一点？”

释提桓因跪下来，说：“虽然如此，佛陀，毕竟现在已经有众生成熟到可以了解您的觉悟的程度了，你稍微为我们说一下，如何？”

佛陀说：“我觉悟的真理很奇，也很妙，我发现，心、佛、众生，三者无二无别。只是众生痴迷，无法证悟自己的本心。”

释提桓因和波旬都思考着这句话。

佛陀与毒龙

然后，佛陀以神力来到了天界，宣讲了四十九天的《华严经》。之后佛陀又回到了人间。

一只受伤的大雁从空中突然落到佛陀面前，大雁伤口上包扎的纱巾让佛陀忆起年幼时曾经从提婆达多手中救下来的大雁。现在，这只大雁穿越时空的隧道再次来到了能够救它的人面前，佛陀若有所思，决定转身回到人间度化众生。

佛陀在苦行林又遇到了过去一起修行的同伴们，同伴们还在修着痛苦的苦行，开始他们很避讳佛陀的出现。佛陀宽厚地向他们讲起真理之法：修正道为解世间之苦，世间之“苦”以“我”为本，由“我”而有“贪、瞋、痴”。要解除这些“苦”必须修“道”，才能进入寂“灭”的领域……

五个人听完佛陀的正法，都改变了对佛陀的态度，变得畏惧而诚恳。而佛陀又问他们“色受想行识”的五蕴的真理所在，五个人都虔诚回答，佛陀欢喜他们都体会到他所讲的真理，都能够解脱，不再生出众苦，于是接受他们五个人皈依。佛陀有了最初的弟子。

佛陀“初转法轮”，佛家三宝也具备了。

被心魔折磨的提婆达多一路流浪，听说了很多关于佛陀的事情，提婆达多心中对佛陀的嫉妒之心又再次萌发。

佛陀听闻伽耶山有一位名叫优楼频罗伽叶的苦行仙人，修行和声望都极高，很多人都追随他修苦行，佛陀慈悲，想说服优楼频罗伽叶不要再执着在苦行中，决定只身前往。弟子们遵教导前往各地传法，与佛陀暂时分离。

佛陀前往伽耶山途中，路遇须达、斯波离和波罗三人。三人原本同在一个戏团，因为一个叫鸳崛摩罗的伙伴偷走了大家一起辛苦赚的钱，三人为了追赶他已经身心疲惫，狼狈不堪。佛陀劝化他们：“找到自己的心比找到财物更重要。”须达听从了佛陀的教诲，打消了追赶的念头，决意回乡开始新的生活。而斯波离和波罗两人却发誓要将钱追回，不听劝阻，继

■ 国师相劝　先知预言

续追赶鸳崛摩罗去了。

佛陀登上伽耶山拜访优楼频罗伽叶仙人，佛陀对他传播正法，优楼频罗迦叶内心震撼很大，但是表面并没有表露什么。

是夜，佛陀请求一处住所，优楼频罗迦叶故意说现在只有一间石室是空的，但里面却有几条毒龙，不知佛陀敢不敢住。佛陀泰然住了进去。

佛陀第二日平安地从石室走出，优楼频罗伽叶深信佛陀不是凡人，但仍不甘心放弃自己的婆罗门教教义。他的一个徒弟阿难，年轻而聪明，从前也是迦毗罗卫国的人，是个凡事都爱穷根究底的人。阿难向优楼频罗迦叶提问关于佛陀的教义，仙人很不高兴，让他自己去向佛陀请教，阿难却面有难色。

伽耶山的“拜山”仪式上，许多患有疾病的百姓，上山求优楼频罗迦叶仙人救治。仙人将病者逐一治好，患者和家属感激涕零。佛陀在一旁观看却没有和他一起医救病人。

阿难终于下定决心，来找佛陀。看到佛陀无所作为，于是激烈地质问，认为佛陀只是“纸上谈兵”。佛陀邀他一同进石洞，阿难赌气进了石洞，却被毒龙吓呆了。佛陀告诉他如何打坐，如何调整气息等。阿难按照佛陀所讲，安心打坐，慢慢调整了呼吸，毒龙在他心中也不再狰狞可怖。阿难再睁开眼睛之时，毒龙已经安然睡去。

阿难问佛陀为什么不医救病人，他的理论那么高深，却为什么没有神通。佛陀反问阿难，优楼频罗迦叶仙人的本领与毒龙谁大？阿难回答，仙人不及毒龙，所以永远不肯进石洞。

佛陀不再说话，轻轻一指远方的一座高山，山下是刚才被优楼频罗迦叶仙人救治好的众人，正说笑着往各自家中走去。佛陀用手指一点，山峰立即粉碎为尘。阿难惊讶得目瞪口呆。

佛陀问阿难，那些人最需要什么？阿难回答：健康的身体，丰盛的食物。于是佛陀手再轻轻一指，山峰陡然变成一座金山，众多金黄的麦穗从天上向地面洒落。一开始人们被这奇妙的景象吓呆了，但满地如黄金般的麦子很快诱发了人们的抢夺欲望。每个人都想比别人拥有更多，众人抢夺——一个人被打得遍体鳞伤，仍死死抱住怀中的麦子不肯放手，很快金黄的麦穗被人类的鲜血染红……还有很多人，疯狂地向金山爬去……

阿难目睹眼前的混乱非常吃惊。

佛陀对阿难说：神通再大也并不能从根本上救助世人，所以我最终选择了用平凡的肉身去传播真理。知道么，我拥有远远超过众神的无边神通，然而，我依然有四件事是做不到的；而且，宇宙中，没有任何一个神或者人，可以做到这四件事情。你如果自己悟道了，便会知道我现在的选择的意义。

窗外一片混乱，优楼频罗迦叶仙人独自在房中沉思着。

是夜，他走进石洞，虔诚膜拜佛陀，表示愿意跟随佛陀。随后他的五百个弟子也追随佛陀，他两个弟弟及一千个弟子都愿意追随佛陀。

佛陀准备下山继续传教，阿难追上佛陀，似乎有话要说，却又无法开口。

佛陀知道阿难心中的苦衷，坦言早已认出阿难就是他年幼的弟弟。阿难惊讶不已，因为佛陀出家之时，阿难还不过是个婴儿。

阿难告诉佛陀，自从佛陀离家后，父母都很惦记他。父亲净饭王还总将阿难错认为是佛陀，阿难从小就活在佛陀的阴影中，实在不堪重负，所以也逃离了家门。

佛陀告诉阿难：一个人应该找到自己，人生才有意义。

佛无法可说

佛陀带着弟子一路传教，路经摩竭陀国，频婆娑罗王得知佛陀到来的消息喜出望外，亲自出门迎接。流浪到此地的提婆达多，第一次远远地看见了成佛后的悉达多，虽然被他散发出的智慧光明所吸引；但是，提婆达多更多地看到的是佛陀在弟子们中的威信，以及频婆娑罗王对佛陀的恭敬。

提婆达多想不通为什么佛陀这么受人欢迎，他跟在人群的最后面，心怀叵测地听着佛陀的教法。

佛陀在摩竭陀国为众人讲法，频婆娑罗王虔诚地听着，如同众百姓一样。

频婆娑罗王的儿子阿阇世太子对父亲崇尚佛陀十分不满，更不满父亲竟与庶民同坐，认为父亲辱没了贵族的身份。原本，阿阇世太子就对频婆娑罗王与他国争战的过程中，无所作为的做法颇为不满，佛陀的出现更加大了阿阇世太子与父亲的不和。

频婆娑罗王为感谢佛陀带来的正法，举行了盛大的宴会。宴会上，频婆娑罗王向佛陀介绍阿阇世太子，希望佛陀能对他有所教导。但是太子却流露出明显的抵触情绪，当频婆娑罗王宣布组织全国听佛陀布道三天时，太子当场反对，激烈指责佛陀迷惑其父王，荒废了国事。

阿阇世太子认为在如此战乱的年代，静心向佛、与世无争，是不明智的。频婆娑罗王指责太子不该对佛陀不敬，太子大为恼怒，立即离席。

频婆娑罗王为此事向佛陀道歉，并请求佛陀能够帮助他教化太子，佛陀拒绝了，只说：无缘不可度。

频婆娑罗王有些失望，认为佛陀放弃了自己的儿子。佛陀也没有再多说什么，为频婆娑罗王倒茶，频婆娑罗王以为佛陀此举是在安慰自己，因此大为感动。谁知佛陀一直往杯子里倒茶，茶水溢出，也没有停止。频婆娑罗王不解，佛陀告诉他：已经满的茶杯，是不能容下更多的水的。

频婆娑罗王顿悟，感激佛陀说：若有一日，阿阇世太子能放下心中的妄念，做一个空的茶杯，请您教化他。

佛陀默许。

阿难问佛陀，“无缘不可度”是不是佛陀四件不能做到的事情之一。

■ 夜半逾城　离亲出家

佛陀在摩竭陀国传法，教化频婆娑罗王皈依正法，又收了舍利弗和目犍连两个早已盛名远扬的大智者为弟子，劝化了波斯匿王，修建了秩园精舍，佛陀在北方也有了教化的根据地。

其间也有很多人质疑佛陀的教法，如舍利弗的叔父迦罗捷。

阿难听闻了迦罗捷的事情，非常好奇是什么样的人对佛陀敢于如此质疑，于是利用目犍连所教的神通，变成树叶粘在迦罗捷身上，跟随他去见佛陀。

迦罗捷称自己是个不相信任何学说的人，质疑佛陀一直宣讲的“真理”如何能让人信服。佛陀用迦罗捷所说的“不相信任何学说”之理，反问他是否相信“不可信”的学说，迦罗捷一时不知如何回答。

夜晚，佛陀邀请迦罗捷一起赏月。天气十分恶劣，下着大雨，乌云盖住了天空，明月根本看不见。佛陀手指乌云，告诉迦罗捷明月就在乌云之后。迦罗捷不信，说只看见了漫天的乌云。佛陀的手指一动不动，始终指引着同一个方向。

少顷，云开雾散，明月露出，正是佛陀所指的方向。

迦罗捷略有所悟，懊悔为什么乌云漫天时不顺着佛陀的所指，不相信明月就在云后。

佛陀告诉迦罗捷，即使没有乌云，也有很多人看不见明月。佛陀的手指不过是指向明月所在的方向，而明月一直在那里，找对方向，没有佛陀的手指也一样看得见明月。

佛陀说，真理也如明月一般，如果不靠自己领悟，只想靠别人教授，等别人有所说法时，就运用小聪明加以批判，并以此沾沾自喜；如此自作聪明，即使真理在眼前，也不会看见。这即是——真法不可说。能用语言文字表达出来的，绝不是真法，只不过是像指月的指头，只是通向真法的阶梯，却绝对不是真法本身。然而有智众生却往往纠缠在名词概念上，见指不见月。

迦罗捷反问：既然真法不可说，那么真法如何知？

佛陀：顺着指月的指头，就会看到明月；真法虽不可说，每个人却可以悟入真法。

迦罗捷有所领悟，很感激佛陀的教化，于是俯身下来，拜佛陀为师。

迦罗捷得悟正欲开心离去，佛陀却轻轻将他身上一片树叶摘下，迦罗捷感激佛陀，膜拜离去。

佛陀见迦罗捷离去，将手中树叶抛在地上的泥水中，阿难狼狈地显出身形，不好意思地看着佛陀。

佛陀温和地责备阿难不该利用神通窃听别人的谈话，这仍是“偷”的一种。阿难虽然自觉理亏，却仍问佛陀：“真理”为什么不能说出呢，你不说出，我又怎么去理解它呢？还是说，你本来就不知道呢？

佛陀带他来到开阔的海边，星空咫尺，夜幕无限广阔，佛陀让他好好感受，告诉他：真法不可说，这是我做不到的四件事之第二。

佛陀并且说：如果有人说诸佛有所说法，有所说真法，此人其实是在诽谤诸佛。

佛陀回祖国

佛陀的教化如日月一般照破人们内心的黑暗，盛名越传越远，也传到了迦毗罗卫国。净饭王得知悉达多已经成佛的事情，伤感之余也大为欢喜，耶输陀罗也悲喜交集而泣。净饭王心念自己年事已高，仍想做最后的努力，看能不能将王位传给悉达多，却苦于找不到可以劝说悉达多回国的人，大臣优陀夷毛遂自荐，愿意前去劝悉达多回国，净饭王很高兴。

优陀夷见到佛陀后，没能完成净饭王的任务，却在佛陀的教化下做了佛陀的弟子，出家后的优陀夷奉佛陀的慈命归国回禀净饭王。

净饭王从优陀夷口中得知佛陀要回国的消息，十分欣喜。他为佛陀举行了盛大的欢迎晚宴，但是佛陀带着他的三百弟子依旧进城乞食。净饭王非常生气。佛陀乞食回来，和家人围坐相见，告诉大家他为什么要这样做，并且讲他所悟得的真理。

耶输陀罗也渴望见到佛陀，但是佛陀真正回国之后，耶输陀罗见到悉达多已经成了证悟的佛陀，再也不可能是以前的太子悉达多了，内心更加绝望。是夜，痛苦中的耶输陀罗从楼上跳了下来想要自杀。

在前庭说法的佛陀忽然用手指朝大地一指，地面涌动，柔软如棉，结果耶输陀罗身体虽无伤痛，却伤心过度晕了过去。

耶输陀罗昏迷之际，佛陀亲自为她查看病情，一直守护在她身边，直到确定已无大碍，才离开。

阿难追上佛陀问道：您有无边的神通，为什么不用神通直接赐给众人您所悟到的智慧，这样耶输陀罗就不会如此痛苦了。

佛陀回应道：智慧不可赐。只有她真正领悟到“大爱”的智慧，才能放下心中的“小爱”。

佛陀又说：这正是我不可为的四件事情之三。如果可以，我宁愿将所有智慧赐予世人，但只有自己去证悟，才能拥有智慧。

阿难恍然大悟。

佛陀又告知阿难：未来的人类，甚至能够发展出远远胜过普通天神神通的“科学”。但由于智慧低劣的原因，却反而加速了人类整体的毁灭。

阿难听了无话可说。只好问佛陀：您为什么对有些人会运用神通解救，对有些人却不是？难道因为耶输陀罗是您曾经的妻子吗？

佛陀回答说：如果对方命不该绝，且该我解救，我绝对不会吝惜神通。任何一个人，我都会尽力帮助，而不是因为耶输陀罗曾经是我的妻子。

耶输陀罗清醒后邀请佛陀相见，两人再次相见有如隔世。佛陀向她解释了诸佛慈悲地爱一切众生的真谛，耶输陀罗开始明白悉达多的“大爱”，虽然还不能完全理解，但也大大减轻了自己内心的痛苦。

净饭王执意要让佛陀继承王位，用父亲的眼泪和国家的事务说服佛陀，佛陀深知父亲苦心，却没有像以前一样急于教化父亲，只是请求父亲为他和比丘们找到一个可以安静修道之所。

净饭王只得将佛陀和比丘们安排在宫外的园子里。

净饭王匆匆赶往佛陀住处，正遇上阿难在问佛陀问题：如果您用智慧将全世界都统一，领导他们，做一个转轮圣王，不也同样可以拯救他们吗？

佛陀微笑答道：难道你忘了我曾经告诉你，有四件事是我不能做到的。即使我用权力限制住人们的行为，也不能拯救他们的痛苦；即使我用财富给了他们殷实的生活，他们也未必感到快乐。我曾经生生世世在战争和政治中做出努力，想要用统一和管理的办法解决众生的苦难，结果无一成功。所以我选择放弃一切物质享受，过着和乞丐一样一无所有的生活，教导人们追求真理的方法，使他们知道我解脱快乐的根本，源于悟得“真理”。

阿难深深点头，所有的比丘也被佛陀的话打动。净饭王听完佛陀的一席话，禁不住恭敬地向佛陀深深施礼，心中也打消了要佛陀继承王位的想法。

迦毗罗卫国国内的几个王子都先后皈依佛陀，佛陀让亲生儿子罗睺罗也出家修道。随后，在阿难的竭力争取之下，悉达多的养母王后摩诃摩阇波提、耶输陀罗等女众也皈依了佛陀，净饭王也皈依了佛陀，并决定，将王位传让给大臣摩诃那摩，迦毗罗卫国交与丞相治理。

“提婆达多佛”

摩竭陀国的频婆娑罗王很想念佛陀，派人请佛陀回去。佛陀告别了祖国，准备回到摩竭陀国。佛陀一行人途中在一家农舍休息，农舍的主人竟是须达。须达受佛陀教诲后，回乡重新开始，几年来又有了颇丰的家业。

当夜，众人被杂乱的脚步声吵醒，一个饥寒交迫的人潜进农舍偷吃食物时被抓住。小偷竟是原来与须达同行追赶鸯崛摩罗的斯波离。

斯波离看到佛陀和须达后失声痛哭，原来他和波罗与佛陀分别后，一直追寻鸯崛摩罗。路遇灾荒、战乱，过着生不如死的日子，内心更加仇恨鸯崛摩罗，两人终日被仇恨包围，最后波罗体力不支病死在路上，斯波离现在也成了人不人、鬼不鬼的样子，只能靠偷取食物过活。斯波离悔恨自己当初没有听从佛陀的教诲，决心拜在佛陀门下，佛陀欣然收他为徒。

佛陀教导的众弟子中，各色人都有，佛陀却从未嫌弃过他们，对每一个人都以平等心对待，诚心教化。如贱民出身的优婆离，本来是在迦毗罗卫国宫中专事理发的人，因他较早出家，后来皈依佛陀的释迦王族，如净饭王等，反而需要向他顶礼；如妓女出身的莲花色比丘尼，等等。

在实行“种姓”制度的古代印度，阶级壁垒之森严是难以想像的。偏偏佛陀的教法不分智愚、贫富以及出身。佛陀的胸怀如同大海，不厌众流、不弃涓滴，无论什么人，只要信仰佛陀，他就有资格接受佛陀的慈悲、佛陀的庇护。

走投无路的提婆达多也前来投奔佛陀了。佛陀虽然知道前来恳求他的提婆达多心怀叵测，但仍不计前嫌收留了他。佛陀“众生平等”的主张，在摩竭陀国广泛流传，泽被四邻；佛陀的声望和威信越来越高涨，弟子们则以佛陀的教诲为规范，师生们的事迹被世人广为流传。

提婆达多依旧嫉妒和瞋恨着佛陀，虽然他非常认真地修道，但是他修道的目的并不是要净化心灵、寻求解脱，而是一心想要超越佛陀，甚至抢夺佛陀的位置。

提婆达多错误地以为佛陀受人爱戴是因为他具有神通，于是他要求佛陀教他学习神通。佛陀看清了提婆达多还未完成人格的修养，拒绝了他的要求。提婆达多又央求舍利弗和目犍连，同样也被拒绝。提婆达多仍不放弃，表面修道，却一直在找机会兴风作浪。

一次偶然的机会提婆达多从阿难处偷学了少许神通，他认为自己发事的时机到了。阿阇世太子在摩竭陀国力求改革的消息传到提婆达多的耳朵里，提婆达多大喜过望。他利用阿阇世太子与父亲的不合，用神通迷惑阿阇世太子，自称“提婆达多佛”，使阿阇世太子皈依了自己。

提婆达多趁着佛陀出国弘法的时机，煽动阿阇世太子监禁了频婆娑罗王，帮助阿阇世夺取了王位。

提婆达多一面苦心修炼神通，一面利用阿阇世王对他的供养广收门徒，扩大自己的势力，还不断散播佛陀渐老、软弱的谣言，使很多人都被他迷惑，提婆达多竭尽全力试图取代佛陀的地位。

许多弟子得知提婆达多的行为后，担心对佛陀不利，提醒佛陀应该防范提婆达多，佛陀并没有什么表示，只是继续每天传授佛法。

臭名昭著的江洋大盗鸳崛摩罗窜进摩竭陀国，一时间搞得城内人心惶惶。提婆达多建议阿阇世王捉拿鸳崛摩罗，以提高他在民众心目中的地位。阿阇世王下令全城搜捕鸳崛摩罗。

鸳崛摩罗逃窜之际，偶遇佛陀，佛陀教化他：苦海无边，只有放下屠刀，才能回头是岸。鸳崛摩罗不相信他的罪恶能够得到宽恕。佛陀带他到僧团中，引斯波离与他见面，鸳崛摩罗不敢相信斯波离对他的怨恨已经消解。而斯波离果真敞开胸怀面对他，感动之余，鸳崛摩罗决定皈依佛陀。

提婆达多听到密报后喜出望外，建议阿阇世王利用鸳崛摩罗一事发难，将佛陀师生监禁审判。阿阇世王命人在城门口逮捕了佛陀一行人，并建筑了高台，想以此审判佛陀和鸳崛摩罗，又下令在国内大规模搜捕佛陀的弟子。

监狱中，佛陀没有做任何反抗，弟子们也静静思考真理，并没有逃走的想法。听到回报，阿阇世王十分惊奇。

与此同时，提婆达多对自己的神通很自信，感觉已经远远超过当年见到的魔王波旬。他内心酝酿着一个一举打倒佛陀、确立自己“教主”地位的计划。

在阿阇世王的命令下，频婆娑罗王得不到任何食物，最后在监牢中死去。临终前，他呼唤佛陀，佛陀以化身为他说法，频婆娑罗王临终被佛陀度化，宽恕了自己的儿子。

阿难很愤怒，质问佛陀为什么不以神通拯救频婆娑罗王的生命。佛陀沉默良久，发出一声深深的叹息：阿难啊，你不明白频婆娑罗王临终的心情。与他证悟的终极真理相比，神通根本不算什么。何况，频婆娑罗王已经明白了他与自己儿子间的因果，你又怎能体会他以生命偿还因果宿债的诚心。阿难啊，即使轮回千百劫，即使世界碎为尘，果报依然在自身。

阿难不是很明白佛陀的说法，悻悻地坐在一旁。

公开审判佛陀的日子终于来到。提婆达多闪亮登场，声称佛陀一直在妖言惑众，且罪不可恕。为了显示世界上真正的“大法”，“提婆达多佛”要显示“大法”的威力，令佛陀灰飞烟灭。

提婆达多宣布完毕，在人山人海的围观中，念动咒语运起神通。只见：

空中降下漫天的陨石火焰，到了佛陀跟前，却变成朵朵开放的白色莲花；

高台上聚起一朵漆黑的乌云，云中伸出一支支恶魔的巨臂，伴随着可怕的巨吼，到了佛陀面前，巨臂化为五彩的光，巨吼变成了令人心醉神迷的天乐；

高台四周涌出一支又一支军队，他们向佛陀发起进攻，刚到跟前就全体倒地，跪倒齐声大喊：皈依佛，皈依法，皈依僧……

魔王波旬在魔界的宫殿里笑得打跌。

阿阇世王和围观的民众张大了嘴，惊得目瞪口呆。

佛陀依旧连眼皮都没有抬一下。“提婆达多佛”知道大事不妙，赶紧转身跑掉了。

提婆达多狼狈逃走，阿阇世王只得宣布无罪释放佛陀和众人。

提婆达多的来历

阿阇世王回到宫中和儿子一起吃饭，年幼的儿子要求和心爱的小狗同桌吃饭。

阿阇世王答应了儿子的请求。阿阇世王想到自己对儿子的爱，身为帝王宁愿和狗同桌吃饭。这使他突然忆起小时候被蛇咬伤，父亲频婆娑罗王情急之下，不顾危险亲口为自己将毒液吸出。阿阇世王怀念着父亲对他的爱，想起自己亲手谋害了父亲，对自己生起了无比的憎恨。他遍求名医，以求解脱痛苦，但是医者对于这样的痛苦束手无策。

阿阇世王悄悄派人问阿难谋害亲生父母的果报，阿难回答说：根据佛陀的教导，谋害父母者，死后沦入“无间地狱”，化为红色琉璃状的灵魂贴在太阳的表面，受恒星之火的长劫灼烧，苦难无边、求出无期。

阿阇世王的精神崩溃了。

阿阇世王只得求助于佛陀，泣不成声地告诉佛陀自己罪孽深重，却不知道如何改过自新。佛陀将阿阇世王带到监狱中服刑的鸳崛摩罗处，阿阇世王惊讶地看到洗心革面的鸳崛摩罗竟然能够那么平和，再也不是过去那个杀人如麻的大盗。

佛陀告知阿阇世王：虽然造罪但是知道忏悔改过的人是允许得到重生的。阿阇世王很感激佛陀，听从佛陀的教言，并以法制国、以德服民、广施仁政，成为一代明君。

提婆达多再次煽动阿阇世王，阿阇世王却劝解提婆达多应早日放下心中嫉妒与瞋恨，以求得到解脱。

提婆达多恼怒阿阇世王也背叛了他，气急败坏的提婆达多亲自埋伏在佛陀路过的悬崖边，推下巨石妄图砸死佛陀。

巨石砸下，佛陀面不改色，巨石从佛陀身边呼啸而过，佛陀的大脚趾受伤出血。

提婆达多慌慌张张逃回城里，走到城门口时突然地面裂开了一条巨大的缝隙，提婆达多坠入了无尽的地狱深渊。

众弟子竭力指责提婆达多的恶行时，佛陀却突然向提婆达多消失的方向行了个大礼，众人十分不解。

佛陀眼前再次出现喜见无量劫以来世世经历的种种，佛陀长叹：感恩我师燃灯佛，感恩您生生世世助我修行！

闪回：

地狱里的喜见发愿修行后，拜燃灯佛为师。燃灯佛说：我将化作你的敌人，生生世世助你修行……

喜见修道成了释迦文菩萨后，燃灯佛为他封印了菩萨神力，让他下到人间重新修行悟得真理。

佛陀望着提婆达多消失的深渊，一行清泪流下……

阿难心生不忍，于是运用神通，追着提婆达多进入地狱，看到提婆达多正在地狱里受苦。

阿难劝提婆达多随自己回到人间，不要留在地狱里受苦。已经明悟了自己的本觉智慧的提婆达多笑笑说：阿难，你还不明白真正的真理。这是我前世行为的结果，我就得留在这里受报偿还。你不信的话，问问你的导师佛陀，他会不会来我这里？他不来，我就不出去。另外，你要了解，对我而言，这个地方无比快乐，就像在天堂一样。何况，众生难免会轮回到这里，总得有人把你的导师的那份觉悟传达给他们，让他们有个解救的希望。既然佛陀不来，那让我来做这份工作好了。

阿难只好回到人间，向佛陀汇报。

佛陀听了以后，面对所有的佛弟子，郑重地说："提婆达多过去世，是我的导师，他那时叫燃灯佛，再过无量劫，他还会成佛，佛号天王佛。"

阿难听了，只好带着疑惑，和大家一起合十称颂："南无过去燃灯佛，南无现在提婆达多菩萨，南无未来天王佛。"

佛陀的祖国亡国

强大起来的乔萨弥罗国在琉璃王的领导下东征西讨，到处制造战争，战火连连。琉璃王一直没有忘记幼时在迦毗罗卫国所受的侮辱，也不肯听从母亲临终要他放弃报仇的事，日渐强大的琉璃王终于将屠刀指向了迦毗罗卫国。

佛陀担忧祖国的族人，劝解了琉璃王三次，第一次说“亲族之荫胜于树荫”。第二次佛陀算准琉璃王要绕道而行，等在道路上，为琉璃王讲了一个故事希望能使他看清真相，回心转意。第三次佛陀回顾了当年的友谊，并且从头到尾分析了琉璃王今天这个果是之前他的父王等人的因，并希望琉璃王有气度能消化，不然攻打国家的因又将有恶果，导致乔萨弥罗国的灭国之祸……琉璃王想起母亲的临终遗言，慢慢被佛陀说服，但是他身后仇深似海的乔萨弥罗国的军队却使他走上了不归路……

迦毗罗卫国兵临城下，佛陀每日仍坐禅修行。阿难觉得佛陀坐视不理祖国的安危，跑到佛陀面前，质问佛陀为什么不用神通拯救祖国。佛陀沉默不语。

阿难不甘心，又找到神通第一的目犍连，请求目犍连帮助迦毗罗卫国，目犍连权衡再三，造了特别多的泥人大力士准备帮助迦毗罗卫国。天空突降大雨，泥人都化成了泥水。在原王城侍卫、琉璃王生母的情人尼犍子的内应下，迦毗罗卫国还是被琉璃王攻克了。

阿难仍不甘心，跪下来再三恳求目犍连一定要拯救自己的族人。目犍连运起大神通，将手中的钵抛向空中，钵到了空中变得巨大无比，掉口向下一吸，即吸进了几百兵灾中的释迦族族人。阿难大喜过望，目犍连一招手，钵降到他手中。目犍连拿过一看，叹息一声，递给阿难看。阿难伸头一看，只见那几百族人惨痛哭号，渐渐化成血水，势不能止。

阿难几近疯狂，摇着目犍连：快救救他们！目犍连流泪说：对不起，我已经尽力了，我救不了他们！

阿难跌跌撞撞，自言自语：佛陀神通广大，法力无边，曾经救过耶输陀罗，他一定可以救出他们，哪怕给释迦族留些种子，也好啊。

阿难在距离迦毗罗卫国不远的树林里找到了佛陀。佛陀正在打坐修行，阿难却能在那里清晰地听见迦毗罗卫国人民绝望的喊叫声。阿难还未发问佛陀，佛陀就已经幽幽地问阿难是否还记得他曾经说过自己有四件不能做到的事情。阿难回答，佛陀已经教会了他三件。佛陀忧伤地告诉阿难，最后一件即为——定业不可改。一切众生，种下的因，必结下果，是不能靠外力去改变的。耶输陀罗当年命不该绝，且该我解救；然而现在，我却无能为力。

阿难啊，现在你知道了这四件我所做不到的事情，便会明白为什么我有着无边的神通和权威，但是却依旧要做一个平凡的人，用最平凡的方法去救度世人，哪怕要面对这么多的无奈。至于声称信了自己就可以改变定业的神明，都只不过是些邪魔外道。业，只能自己承受，自己转化。

阿难啊，久远劫以前，我们释迦族人是同一个渔村的渔民，而琉璃王和他的军队是邻村大河里同族的鱼。当年，释迦族人用渔具打尽了这族鱼群，而后煎炸烹煮，加以吞食。那个时候，琉璃王和他的鱼族受到如此剧苦，他们当时发下毒誓，后世一定要讨还灭族之恨。

阿难啊，那个时候，你和如今出家的释迦族众王子们都出外不在；而我当时是一孩童，并未食鱼，只是看到诸鱼挣扎，觉得有趣，因此失声发笑。

阿难啊，如今果报现前，你和出外的诸王子躲过了此劫；失声发笑的我，也必有头痛之报。

阿难听着佛陀的话，看见佛陀流下悲伤的泪水，阿难缓缓地在佛陀身边打坐，虽然耳边净是人们的哭喊声，也依然觉得心里平静如水……

迦毗罗卫国城内，摩诃那摩王请求琉璃王让自己潜进湖里去，在他浮出水面后，没有逃走的就任琉璃王杀戮。琉璃王同意了他的请求。但等了很久也没有看到摩诃那摩王浮出水面，城里的百姓几近逃光。原来摩诃那摩王为了救国民，把自己的头发死死系在了湖底的树根上。

琉璃王再次受到深深的震撼，想起母亲和佛陀的话……

七日后，乔萨弥罗国火山爆发，岩浆奔流，滚滚流入军营，士兵惊慌失措，无路奔逃；火山灰漫天而起，又盖天而下；琉璃王想起佛陀的预言懊悔不已，他和王妃留在宫中没有逃走，被火山灰石淹没。

迦毗罗卫国和乔萨弥罗国的国土都归入摩竭陀国的版图，摩竭陀国的阿阇世王因为听从了佛陀的教诲，善待子民，使得国家空前繁荣昌盛。

祖国灭亡，佛陀头痛了三天，需要大医生耆婆的治疗。

唯是佛陀，方能大爱

时间飞逝，佛陀的教法已经广为传播，但是佛陀从未放弃亲自传法，尽心尽力地度化着世人。

佛陀的身体渐渐因年龄增长而不支，一直跟随佛陀的阿难经常劝说佛陀休息，佛陀却总是微笑拒绝。

终于，佛陀身体不支病倒，众弟子都担心佛陀的健康，佛陀却坦然告知他们：再过三个月，佛陀就再也不会有身体方面的问题了。

其他弟子不懂佛陀的话意，以为佛陀就会康复，都很高兴。只有阿难追随佛陀多年，知道佛陀三个月后将进入涅槃，离开他们。于是阿难一个人跑到树林里偷偷哭泣，并且自言自语：佛陀啊，你这个人啊，当年你既然能够在菩提树下转身，千辛万苦回来救度我们，就不能够再长久地陪伴和教育我们吗？却不料被其他弟子看见和听见了。

佛陀即将涅槃的消息传出来了，天下众弟子都很慌张，为佛陀即将离开他们难过伤心。

佛陀体会到众人舍不得他的痛苦，决定在迦耶山为世人再讲最后一次法。

阿难不忍看见虚弱的佛陀在生命的最后一刻仍想到为众生讲法，劝佛陀放弃，佛陀明白阿难担心自己，于是带他一起漫步。

佛陀带阿难走上迦耶山顶，对阿难说道：这么多年来，你一直未放下心中疑惑，也没有全心全意皈依我，现在，我就将你的心结打开。

阿难虽然知道佛陀一定会得知他所想，却也十分感激。

佛陀对阿难说：其实，你所想，也是很多人心中所虑；不过，世上很少有人像你这般诚实，敢于向我发问心中不解。你一直以来的疑惑是：为什么我得道之后却又决意回转人间，只为将我明白的真理传给天下众生；为什么我有无边的神通与智慧，却甘愿像一个普通人一样教化世人？

阿难点头，佛陀静坐，阿难也随佛陀静坐下来。

两人禅定之时，佛陀运用大神通，将当初他修行得道时，所看见之景象——喜见轮回几世，仍不得解脱之法；喜见在过往的六道轮回中，因为“贪瞋痴”所受之苦——展现于阿难眼前。

佛陀告知阿难：阿难啊，累劫以来，我生生世世都追求解脱的无上大道，所以我当初在地狱发愿修行；而当我真正得道，又无法忘记还有许许多多如“喜见”般遭受痛苦的众生，这是我为什么最终要到此地成佛的因。

阿难啊，生命界的因果法则实现的是绝对的公正。纵然百千劫，依然业随身——生命轮回中定业果报的必然性，保证了整个大千世界绝对公正地运行。凡有所作所为、所思所想，必有果报。

阿难啊，因为“我执”的存在，众生智慧不够，无法了解因果，因此无知并且疯狂，递相侵害辗转相因，冤冤相报无有了期。

阿难啊，我之所以放弃帝王之身，成佛之后又回转身来传播真理，都是因为万千生命深受我执的“无明”之苦；而定业不可改，智慧不可赐，真法不可说，无缘不可度——这四件事情，又是我的佛力神通所不能改变的，所以我选择将觉悟“真理”之法授予人间，以解所有生命的苦难。

所以，阿难啊，不但是我，一切诸佛都会将真理传于众生。

阿难跪拜在佛陀的脚下，感激佛陀这么多年来指导自己的修行。

佛陀却笑道：阿难啊，你不仅是我的弟弟，也一直是我的弟子啊。阿

■ 诘问林仙　寻修行道

难啊，你后世会供养侍奉62亿位佛，所以你不用担心，你会成佛，叫山海慧自在通王佛；你成佛的世界可比这个娑婆世界好得多，叫常立胜幡世界；你成佛以后的寿命极其久远，根本无法用算数计算。

阿难悲喜交集，喜极而泣。

天空一道佛光掠过，阿难抬头，只见不觉间天空已被万千佛光照耀，诸佛都在天空看着佛陀微笑。

多宝佛问候佛陀说：释迦佛啊，您的身体和内心安宁吗？疾病和烦恼少些了吗？你的学生好教育吗？释迦佛啊，您这一世辛苦啊，你将所有心血费在如此恶浊糟糕的地方，舍弃了帝王之身，只为将更多生灵带入“真理”所在。现在，行将离开人世，释迦佛，你对自己这样的一生，有后悔吗？

佛陀真诚地回答：我这一生，被至亲至敬的人骗过；自己也曾迷茫踌躇过；被人害过，被人爱过；我爱过人，也骂过人。如今我要离开这里，那是假的；我没有来过，也从来没有离开过；我没有生过，也没有死这么一回事。

天上众佛皆点头含笑称赞佛陀。

三个月后，佛陀在即将涅槃之际，在迦耶山顶为几万教众讲法，天空中还有许多菩萨和诸佛也来听佛陀讲法，场面甚是宏大……

佛陀本着解救一切苍生的意愿，一直到涅槃的最后一刻仍教化弟子们：你们随顺我的教法而行，就是我佛陀法身常在之处！

说完这句，佛陀做狮子王卧，安然而逝。天乐传来，天花纷纷而下。阿难和一众弟子哭成了泪人，而早已经随佛陀出家为尼的耶输陀罗却忽然笑了起来，笑容中说不出的释然和解脱：我的爱人呀，你的法身不仅在你的教法中，也在每一个人的心里，也在我的心里面。你从来都没有消失过——你一直都在。我终于明白了你对我，对每一个生命的大爱！

中篇 六道

佛教的本质，是平实切近而适合现实人生的，不可以中国流传的习俗习惯来误会佛教是玄虚而渺茫的；于人类现实生活中了解实践，合理化，道德化，就是佛教。

——太虚大师法语

从三个敌人到一个敌人

佛陀降生后，有一天，他发现整个生命的问题，不外乎就是：

在老、病、死的严密控制下，生命毫无意义。

这时的他，正值生命中的黄金岁月。

对于从小与外界隔绝，从未见过病、老、死的释迦族王子来说，此前以为生活就是无忧无虑，以为生命永存、欢乐永在的神话刹那化成了泡影。

对悉达多王子来说，他显然很不习惯、很不喜欢面对痛苦与烦恼。

同时，他又是一位极优秀的武士和学者，他的骄傲和自尊不允许自己对此无所作为。

为了救治他所珍爱的妻与子、家与国，他很清晰地明白，如果他不能使自己的生命实现超越，从根本上拔除这三苦的话，他是绝对无法有效救治和他恩爱相处、难分难舍的亲属们的。

特别是他早年过世的母亲和已经年迈的父亲，不由他来救治，又该由该来救治呢？尤其是和他情深义重的妻子——在轮回中像陀螺般打转的——耶输陀罗的恩爱之亲，让他无法坐视自己年轻貌美的妻子，毫无办法地变老，衰病，终至死亡。

因此他下定决心，趁着自己年轻如明月般的智慧光明，以及山岳般牢固的道心，独自一人夜遁莽林，苦心修道。

希望由他的努力，可以救度他的妻子、家国以至于他所能照顾的任何地方。

青年释迦牟尼逃离他的“无忧宫”，前去涉险学道。

于是，他夜晚出逃，去战胜三个敌人：疾病、衰老和死亡。

六年的雪山修行，悉达多终于成道了，彻悟了真理，成了释迦牟尼，释迦族的圣人。

他发现，他最初想要战胜的三个敌人：疾病、衰老和死亡，从根本上来说，是一场虚妄的游戏。

虚妄来自人类的内心，来自人类的自恋，也就是“我执”。

生命全部的问题和痛苦烦恼，都是从我执这个根上发芽长枝的。

解决了我执的问题，就解脱了生命所有的痛苦烦恼。

■ **生死轮回图**

这是一幅著名的佛教绘画，这幅图画对我们为何落入以及如何落入现在痛苦堪怜的处境的根本原因做了回答，同时也对我们自欺欺人的生命过程及其流转原理进行了详细而具有说服力的阐述，让我们知道该从何处下手，进而摧毁我执——这一轮回死主，享受不被束缚的安乐人生。同时，这幅《生死轮回图》所描绘的内容也正是悉达多太子抛家弃国想要找寻的生命答案，所以自菩提树下觉悟后，这幅图画中的内容就成为释迦牟尼佛对他的学生所作的最开始也是最至为紧要的教授。从两千五百多年前的菩提树下直至今日的诸多寺院道场，《生死轮回图》所描绘的内容，都一如既往的成为全体佛教无论任何宗派的必修课程，无一例外！

烦恼的三个根本

出家的悉达多冥思的第一个问题就是无常。

周围的一切都证明了这个真理：任何事物都不能永驻，所有的东西都在变化，转瞬即逝。这种运动永无止境，一个新的东西产生了，立刻就会变成一种更新的东西。

就在他的周围，四季悄悄地轮转着，春天刚刚进入蓓蕾初绽的时期，还没来得及停下脚来。到小河边照一照自己的容颜，就被花团锦簇的盛夏所替代。然后，既没有停顿，也没有间隔，金黄色的秋天飘洒着果香和感情充沛的泪雨就来到这里，最后是以清爽舒适的冬天结束这一轮回。接着下一个永不停顿的轮回又重新开始。

悉达多深思：人类为什么如此害怕疾病、年老和死亡？

因为人类想要永恒。

然而一切的一切都说明：从来没有一成不变的事物。

■ 三毒：贪、瞋、痴

猪代表根本无明，也就是愚痴。贪爱由鸽来表义，瞋恚由蛇来表义。这三项烦恼每时每刻都在左右着我们的行为和结果。这三项烦恼也正是令我们不断流转轮回生死的根本原因。

无常中求恒常，毛病出在哪里呢？

我们想要谁永恒？是“我”。

那么这个根本不可能实现的“永恒”，是不是我们人最深的贪念和执着？

疾病、年老和死亡就在我们的心中，也就是我们心中最深的贪欲玩出来的游戏。

每个人心中最深的贪欲，就是“我”想把整个宇宙都控制住，“我”想涵盖整个宇宙，然后“我”想要去摧毁这整个宇宙，再然后感觉到自己有再生力量的时候，“我”就重造一个“更好的”。

这是整个人类的贪欲，当人类想要变成所有万物的上帝时，想掌握一切的时候，我执的生命游戏就开始了：

控制，就有被控制；矛盾对立、不自由随之而来，个人和社会的各种疾病也就无法根除。

拥有“整个”，会发现拥有的这个还不够好，不令人满意，于是老化由此而来。

摧毁这不够好的，死亡就应约而至。

再造一个更好的，出生于是不可避免。

生老病死就这样成了生命无法逃避的宿命，成住坏空也就成了万物的共同历程。

而这一切都源于我们内心对“我”的执着，“我”产生全部的痛苦烦恼。

无处不在的无明

成道以后，佛陀并不认为生命存在真实的痛苦烦恼，只是人类的迷失和愚昧遮蔽了真理的光芒，于是有了烦恼的现象。

佛陀为了教育的方便，用“无明”来指称痛苦烦恼。“无法明白”，借此让我们反省到内心，反省到烦恼的根源上，由此一劳永逸地解脱。

无明，可以从很多的经典中看到，他总的而言就是烦恼的别称。

因为无明，我们不能够知道真实的智慧，不能够了解真实的世界是什么样子，他没有智慧，他愚昧，他造成轮转轮回，他是所有问题的根本。

事实上，他是个什么东西呢？

无明是什么？

就是我们的不自在，最深层的不自由。我们心中还有所欲求，在心中有所欲求，这欲求很深层的纠缠着我们的心。

我们渴望什么？渴望心的自由。

为什么会渴望心的自由？因为心是不自由的。我们想要控制，但我们的心不喜欢被控制。

我们渴望生命能不断地延长永存，因为我们对生灭有一种执着，喜欢生，不喜欢死。

我们对空间也有欲求，因为想控制、想占据空间。

这三种欲求，在我们拥有生命的时候，我们就会设法追求和满足，我们就在无明里面。这就是我们的烦恼，我们最深层的烦恼，无明就是烦恼，烦恼就是没有智慧。

没有智慧就不自在，心中不安稳，这就是无明。

现在，我们借着佛陀的伟大发现，知道了问题的根本所在，了解应该从哪里着手解脱。

如果了解了，了解无明是这样子时，也只是这样而已，最主要的是要反求诸己，看看最近的心：

心中是不是有不平呢？是不是有不喜悦？是不是有不自在？是不是想去追求什么？是不是看到一大堆是非？如果有这样的现象的时候，这就是无明，就是烦恼。

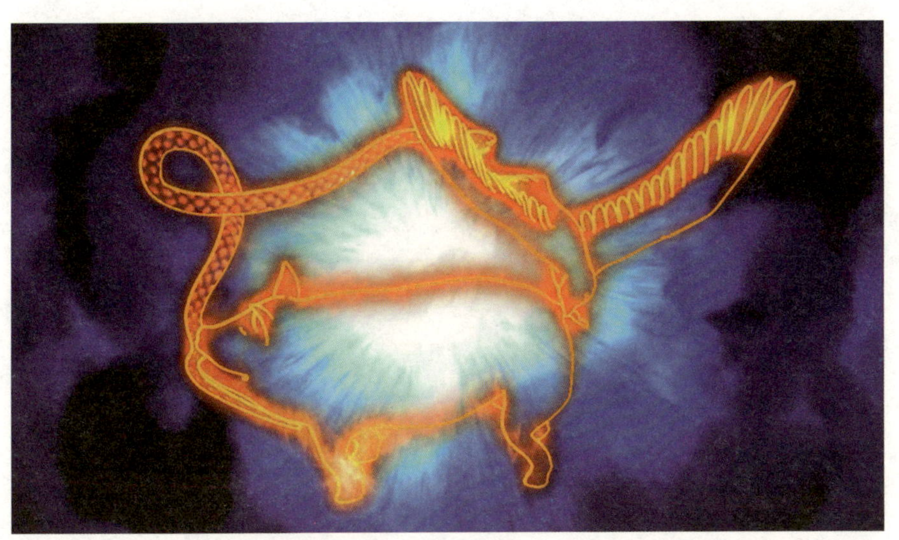

■ 三毒

我们大概不会有人真正认识和承认自己“有无明”，佛陀当年遇到的情况也是如此。

有很多人学了一些佛教名词，就自称自己已经“没有无明”了。

“没有无明”就是感觉迟钝，感受不到烦恼了？这是用愚痴的办法来刻意压制烦恼，情况就像头扎进砂里的鸵鸟，自己看不见了，还要求别人也不要看见。

这是没有用的。比能看见但不改变的人还要糟糕。如果看都看不见，又怎么会改变呢？

真正没有无明的人，必然是一个无我的人。只要他处在我们人类社会中，他就会快乐着别人的快乐，痛苦着他人的痛苦，怎么会没有烦恼呢？

只是他自己的心，他的自性众生是完全清净、没有无明的。

我们放下心来，看看自己的心。无明现在有没有开始动呢？有。从这一念动，所以这一念就是无明的开始。

我们在看待一切时，其中含有多少自己的价值，有多少自己的习惯？

这些都是无明。

痛苦的根源是执着

深刻地了解到烦恼的根源，佛陀对他的弟子说：

人们为什么会产生忧虑、悲伤、痛苦、苦闷呢？那是由于人们有执着。

执着于财富、执着于名利、执着于欢乐、执着于自身，由于这些执着而产生痛苦和烦恼。

在这个世界上，一开始就有种种灾难，而且，病、老、死又是不可避免的，所以就会有悲伤和痛苦。

归根结底就是因为有执着，就有悲伤和痛苦，所以只要摆脱执着，一切烦恼和痛苦就会消失殆尽。

再进一步探索一下这个执着，就会发现人们的心中有无明和贪爱。

所谓无明，就是闭眼不看事物变迁的事实，不懂得因果的道理。所谓贪爱，就是贪图那些本来无法得到、或者根本不会永远不变的东西，并对这些东西执着和留恋。

佛陀说：本来，事物是无差别的，由于无明和贪爱的作用，使人们感到了差别；本来事物是无好坏的，由于无明和贪爱的作用，使人们感到好坏。

于是以业为田，以心为种，覆于无明之土，受润于贪爱之雨，灌之以自我之水，增殖错误的观点，结果产生出这种执迷。

所以，归根结底，正是人们的这种心，才产生了包含忧虑、悲伤、痛苦和烦恼的迷惑。

这个迷惑的世界，只不过是从这种心灵产生出来的心的影子。

佛陀的创见

我们的生命在无明下轮回，直到2500年前的印度，当时人类的思想已把无明的系统发展到一个巅峰，也就是假设宇宙中有一个创造主——梵。宇宙中的一切都是由他出生，这个大梵也是超越时间空间的，他出生时间空间，所以他的妻子叫时母——时间之母。

大梵传集宇宙的能量，将之发挥出来，于是宇宙就开始了，所以时空就在他身上，也可以说他是超越时间空间的，但是他操纵着时空——跟佛教所说的超越时间空间是不一样的。

宇宙一切需要依恃梵，所以他是大我，是宇宙的创造者，也就是所谓的“宇宙第一因”。

梵不是独然生起的，他是被建立的。生命界极需要他，是因为生命有三个根本的欲望：第一个是自我的欲望；第二个是生命自我延续的欲望；第三是自我表达、扩大的欲望。

自我的欲望，表现为内心对自主的需求，到最后建构了心识；自我延续的需求创造了时间；自我扩大的需求创造了空间。

于是我们人类用饮食来延续肉体生命，用性欲来自我扩大、繁衍后代，用自我的特征来塑立自我。这些欲望每个人都有，在建立大梵思想时，整个无明系统中发展建构出最完美的状态是梵我合一的境界。

在梵我合一的架构中建立了一个在时间上永续不断的生命，这是因为人们对生命中断的恐惧。因此建立了一大套很完整的修持法门去成就梵我合一，也同时建立人间在这个时代里第一套完整的禅定法门。

禅定法门是来自印度的婆罗门教，并不是佛陀创立的，在佛陀成道之前1000多年，印度就到处充满专业禅定的修行人。

这一套思想开始创立的目的，是为了替政治服务的。印度外来的雅利安民族，为了建立自己统治的地位而建立的，所以又建立了种姓制度。

佛陀成道后，发现这一切的根本是错误的，其根本假设就是错误的。假设一个大梵，假设时间空间相续实有，根本看不到这宇宙、生命相续不断的轮转轮回，而且又在轮回当中去追求轮回。

佛陀是用什么来破斥的呢？佛陀发现这样的思维根本不是实相，一切现象界的种种，根本就没有永远不变的东西，各各都是因缘聚集而生，因缘散灭而灭。在时间、空间系统当中都是在不断地变化。

如果能够了解这些，也就是能够了解无我、无常，就能够超越生灭对立，超越时间和空间的对立，就能够涅槃寂静，这就是诸行无常、诸法无我、涅槃寂静的三法印。佛教中最基本的三法印，是为了对治这套印度婆

■ 过去七佛之毗婆尸佛、尸弃佛、毗舍浮佛、拘留孙佛、俱那含牟尼佛、迦叶佛

■ 过去七佛之释迦牟尼佛

罗门教的完整系统而来的。

如果当时没有这样一个完整的错误思维，佛陀也不必在2500年前降生到我们人类社会，针对问题一举打破。如果整个时代的文明无法来配合，那么佛陀到人类当中来有什么用?

所以，佛法的教化也是依着缘起而来的。依这样的因缘，佛陀才来教化。

佛陀教化时先特意找宗教团体中的高层人物，先跟他们谈。如果先跟底下的人谈，讲了半天仍然不得要领，甚至可能被骂个狗血淋头。先跟那些高层人物谈，至少他们是比较高明的修行人，谁高明、谁不究竟，谁就容易看清楚，自然也能信服。

他们了悟之后，自己的弟子就由他自己去负责教化。因为他们跟他有缘啊！如果无缘要度他们那可是真不简单！

佛教传说中有位城东老母，跟佛陀是同年同月同日同时生，但是她就是不愿见佛陀。佛陀从前面去，她往后看；从后面去，她往前看；从右边去，她往左边看；从左边去，她往右边看；从上面去她看下面；从下面去，她看上面，反正就是不看佛陀。

所以，佛不是无所不能的，佛就不度无缘之人。没有因缘，就实在没办法度化。因此佛陀教化那些领导者，领导者扭转过来了，他下面的人就会听他的，这是缘起的关系。

佛陀就这样开始了说法度人的生涯。

释迦本族乃至外族，以至于法界六凡四圣，无边苍生，一切病苦，佛陀无不应缘济度。

佛陀向所有人讲起了他自己观察到的宇宙和生命现象。

佛陀说：宇宙不止一个，我也并不是初次光临地球。事实上，地球所属的娑婆宇宙，我在很久很久以前就来了。

他优秀的学生们，那些觉悟了的菩萨和罗汉，在他离开这个世界后，把他的说法回忆并整理了出来，传给后世，这就有了佛教的经典。

通过佛陀这些教法，佛教的宇宙观与生命观也同时建立了起来。

宇宙到底有多大

在佛教中，宇宙不止一个。在每一个宇宙中，存在着像黄河里的沙子的数目一样多的、大大小小、形状各异的天体。这些天体都在经历着成住坏空的过程，有的天体上有光，有的无光，有的天体上有生物，有的无生物。

佛教以一个太阳系来做划分，1000个太阳系这是一个小千世界；1000个小千世界就变成一个中千世界，1000个中千世界就变成一个大千世界，这又称为三千大千世界。所以说就太阳系而言，一个大千世界有10亿个太阳系（1000的三次方是10亿）。

佛教中称，一个大千世界中会有一位佛，因而称这个大千世界为佛土。

大部分的佛土都有欲、色、无色三界，但是不是每一个佛土都有这样的三界。以我们现在所处的娑婆宇宙而言，是具有这样的三界。

我们生存的这个器世界（承载生命的星球），属于娑婆宇宙（娑婆大千世界）。

这个大千世界中，在《俱舍论》里，如前面计算，共有10亿颗类似地球这样的星球。

三千个（这只是一个大约的数目）这样的大千世界，构成一个更大的宇宙。

在另一部佛教重要的经典《华严经》中，则认为10000亿个三千大千世界宇宙系统组成一个“华藏宇宙系统”。

华藏宇宙系统也只是更大的宇宙系统——大雪海遍照佛（佛教认为有的佛本身就是一个宇宙系统）手心的一个微尘团。

可是，还有无数个像大雪海遍照佛这样的宇宙系统，这样成立的大佛宇宙系统，就是由无数像华藏宇宙系统这样的宇宙天体系统组成，其大小以未成佛的人类的智慧，是永远搞不明白的。

按佛教划分宇宙的说法，我们这个娑婆宇宙中包括欲界、色界和无色界。

我们人类处在欲界中。欲界的下三道是饿鬼、地狱、畜生道。善道是人和天，这里的“天”指的范围在四天王天和三十三天以上，共有六界，

■ 劝请回宫　留下五人

即欲界天分为六个层次。

欲界、色界、无色界这样一套架构，在有经验的修行者那里，被认为还不是“法界”的实相（法界的实相宇宙究竟如何？这部分内容我将在后面陈述）。这套架构是依据现存界——以我们地球为中心，以现有宇宙为根本所发生的状况而产生的。佛陀在世的时候，他并没有讲得这么详细，后来是在佛教历史上的一些大菩萨作《俱舍论》等等重要论典时，才把他比较完整地构架出来。

宇宙会出生和毁灭吗

据佛经记载：每一个宇宙都会历经成、住、坏、空四个阶段。物质和生命会被火灾、水灾、风灾毁灭。

在宇宙的成住坏空的过程中，有所谓的大三灾——火灾、水灾、风灾。当一个大劫（一大劫到底等于多少个地球年，就我所接触的材料及修行人而言，意见并不统一，其数值的差异很大。这里姑且取一个数值：1,343,840,000 年）结束的时候，会有火灾产生。宇宙内供给生命居住的行星以及具有热和能的所有恒星，将先后进入他们的红巨星时期。恒星的星体会可怕地膨胀出许多倍，吞噬掉离他们近一些的所有行星，让更远一些的行星支离破碎，简直可以摧毁一切。

恒星之火甚至可以焚烧到色界的初禅天，整个欲界当然荡然无存。这个时候，初禅以下的人类或天神类生命都会死掉而后再出生到二禅天以上或是娑婆宇宙以外的他方世界。

七个大劫、七次火灾之后，宇宙中会有一次水灾。由于火灾膨胀的能的扰动，宇宙的膨胀使万有引力在整个宇宙内越来越弱，宇宙内基本粒子间的距离越来越大，最后整个宇宙就像一锅基本粒子的汤，物质稀薄到了极点。这种情况就好像我们将盐洒进水里面被溶化掉一样，所以佛教认为这是宇宙的水灾。

宇宙的水灾会破坏到二禅天，把二禅天以下的物质统统溶化，让所有的生命全部完蛋。此时二禅天的天神也得赶快往上逃难。

七七四十九次的火灾再加上七次的水灾，再加上七次的火灾，也就是第六十四个劫（86,005,760,000 年）的时候，宇宙自身已经膨胀到了极限。这时就会有宇宙的风灾产生。宇宙开始收缩，横扫还剩下的所有物质和能，宇宙黑洞以他超乎想像的引力和破坏力卖力地工作着，将三禅天以下的一切扫荡一空，就是我们娑婆宇宙内超出了人们视界的巨大的、无比坚固的须弥天体（须弥山）也像大风吹毫毛似的刮进他的内部。

这场宇宙风灾真是厉害，只刮一次就把三禅天以下的万物全都毁坏。

所以，所有宇宙的毁灭性灾难，最多毁坏到三禅天。四禅天和无色界是无法毁灭的，但佛陀认为，四禅天和无色界的生命依然无法永恒，依然会死亡。

宇宙黑洞在成功地完成他的毁灭工作之后，让整个宇宙只剩下他自身。宇宙于是坍缩成一个无限小的奇点，就是宇宙黑洞本身。

之后，致密的宇宙黑洞再次膨胀开来，来一次巨大的宇宙大爆炸，首先产生空间。宇宙一边继续着他的爆炸过程，一边将空间扩张开来。再然后空间中原来均衡的基本粒子东一团西一团地凝聚，凝聚形成极大的宇宙粒子云，由粒子云再凝缩成更致密的物质团。

粒子云和他凝缩的团逐渐地遍布整个宇宙。粒子云类似气体，团类似液体，后来经过物质间的相互作用力，在粒子云内部的团进一步收缩凝聚，并不断吸附粒子云或粒子云以外的物质，团渐渐地变得类似于固体了。

此后，固体的形态越来越厚、越来越实，就成为粒子云之中的大天体。在这个大天体之上，物质继续附着累积，于是形成了须弥天体。须弥天体在运转时，也甩出来不少微小的块，这些块的凝缩，又形成星系。星系在类似于宇宙粒子云的进化过程中，再形成星球。

■ 六年苦行　牧女献糜

生命是从哪里起源的

这个时候，由于先前天界神们的自业（业，是佛教中特有的一个名词，大约相当于生命的作用力）和众生们的共业推动下，有生命的一切的始祖出现了。

他的名称被佛陀称为“千”，是大梵天的天主。

佛陀赞叹他是我们娑婆宇宙的生命始祖，但佛陀并不认为他创造出了生命。

生命的起源有许多种说法，其中的主流有两种：一种是创造说，另一种则是条件构成说（缘起说）。

创造说都是主张有某一位原初的神，或有形或无形地存在于时间的始点。

有一天，他忽然起心动念，于是创造了宇宙中的一切。世界的一切万象都从他那里而来，当瓦解时，也会自然回到他那里，他是掌握世界的主宰。

这种神创造说，在我们漫长的非理性时代，在对于大自然种种灾害无知和恐惧的时代，人类因为对创造者的信仰而感到被关心，有了归宿，得到了很大的安慰。

这种基于无法探知和求证的依赖性信仰，对于求过个平安日子的一般人来说或许已经够了，但是对于那些探索生命真相和真理的先驱者，这种一般性的信仰，是无法使他们就此满足的。

于是我们有了哥白尼、伽利略和布鲁诺，有了文艺复兴。

这些人，基于脱离不必依赖的独立自主性，有着极高的对自由的向往——毕竟依赖他人总是不自在的。如果永远依赖，将会永世不得自主。

这些极力想摆脱依赖的人，使我们的社会出现了不少了不起的科学家，他们都秉持着科学的精神，探讨生命的真相和真理为何。这些科学家都有反对任何不合情理神权的倾向。

他们多半很怀疑：难道我们人类的生命主要是在那些若有若无的、不能证明给所有人、只属于宗教专利的、创造性的神们的手心里？

基于这种求真、求独立自主的精神，科学家们步入种种惊涛骇浪的生命探险旅程。被中世纪黑暗吞噬了许多先驱者以后，经过他们的付出与努力，人类才从无知的地平说进步到地球说，从创造说进步到进化论。

让我们从凡事畏惧于“神”加的自然灾害的无知恐惧中站立起来。

这就是目前我们对生命主要的认识水平。

在佛教那里，则是十足的条件构成说。生命的起源，需要生命起源的本因和助缘，二者缺一不可。而且，佛教认为一切万有都是基于本因和助缘的合和才会有其结果。

既然如此，那么生命起源前还有本因，本因的源头又是什么？

佛教在事实上认为：生命的本因就是那些没有被毁灭的色界天和无色界天的神们的生命，助缘则是娑婆宇宙的正式形成。

那么色界天和无色界天的神们的生命又是如何起源的呢？

他们要么是来自上一次宇宙毁灭的生命轮回，要么是他方宇宙的生命。

那么“上一次的生命”来自哪里？

佛教认为生命的起始点是无限久远以前。也就是说，以我们人类的观点来看，生命的起始点根本不存在。我们只能说到此次宇宙生成时“生命的起源”，如此而已。

此次娑婆宇宙生成后，大梵天的天主“千”，他有一天觉得好无聊好寂寞，于是希望有其他生灵出生做伴。在他自已的福德业力和众生（众位生灵）的共业之力推动下，结果真的如愿出现了种种生灵。

在未碰到佛陀之前，“千”就产生了一种所谓“无明”的错觉，他认为这个世界是他独力创造的，产生了“我创造了世界生命”的想法，“我是众生的第一创造祖先”。

生命在上一次宇宙毁灭前的善恶业力的交错推动下，从太空到水中，再由水中到陆地，生命于是满布了整个娑婆宇宙。

宇宙中，共有多少种生命形态

从形态上来看，按形状分类，生命分成有形或无形；按欲念分类，生命分成有欲和无欲两种。因此，娑婆宇宙的无色界、色界和欲界的生命大结构就形成了。

三界生命大结构如果再细分，就出现了六道众生，也就是天道、修罗道、人道、畜生道、饿鬼道和地狱道。统称三界六道。

天道众生涵括了三界，共分为二十八天（28 种时空结构的天界）。

在此三界二十八天中，只有欲界的四王天与忉利天，因依须弥天体的地界而居，故称地居天，焰摩天以上，都是凌空而处，故名空居天。

■ **西藏唐卡中的须弥山**

须弥山又译妙高山，因此山是由金、银、琉璃、水晶四宝所成，所以称妙，诸山不能与之相比，所以称高。又高有八万四千由旬，阔有八万四千由旬，为诸山之王，故得名妙高。此山为一小世界的中心，山形上下皆大，中央独小，四王天居山腰四面，忉利天在山顶，山根有七重金山，七重香水，为佛教对我们所身处的这个世界的形象描绘。

二十八天

- 欲界天
  - 四王天
  - 忉利天
  - 焰摩天
  - 兜率天
  - 化乐天
  - 他化自在天
- 色界天
  - 初禅
    - 梵众天
    - 梵辅天
    - 大梵天
  - 二禅
    - 少光天
    - 无量光天
    - 光音天
  - 三禅
    - 少净天
    - 无量净天
    - 遍净天
  - 四禅
    - 无云天
    - 福生天
    - 广果天
    - 无想天
    - 无烦天
    - 无热天
    - 善见天
    - 善现天
    - 色究竟天
    - （无烦天、无热天、善见天、善现天、色究竟天：五净居天）
- 无色界天
  - 空无边处天
  - 识无边处天
  - 无所有处天
  - 非想非非想处天

这些天神生灵中，有些天神属于无色界：

空无边处天神

识无边处天神

无所有处天神

非有想非无想处天神

有些天神属于色界：

从色界初禅天界中的梵众天、梵辅天，大梵天历经四个禅定天界到色究竟天，共有十八个天神国界；有些天神属于欲界，住在须弥天体山腰和山顶的四天王天、三十三天，以至于层级而上，住在须弥天体上空中的焰摩天、兜率天、化乐天、他化自在天等六个天界。

欲界天神的存在方式是以男女两性的情欲为存在和种族延续的主要形式，所以称为欲界。

色界天神因色界的卓越禅定力，让情欲种子（种子也是佛教的一个专门名词，在这里相当于下意识）处于潜伏状态。在娑婆宇宙里，他们是雌雄同体的单性，在其身心状态里不会有情欲所引发的困扰——一种超然的生命状态。

至于无色界天神更是超然，不仅超越了情欲的困扰，更超越了有形的困扰，达到既无形又无情欲的生命状态。

以我们人类的看法来说，欲界、色界的天神都是纯能量（这种能量或者说物质，我们人类对此时至今日尚且所知甚少，只能笼统地称之为“暗物质”）的身躯，那些都在我们对生命理解的范围之外。

人类中也有一位伟大的科学家阿尔伯特·爱因斯坦。他对物质和能量之间的关系以 $E=mc^2$ 的方程式表达。而在佛教的生命视野中，无色界天神自身就能够自在地在质能间转换，随意变化成色界、欲界的状态，而下两界的天神却无法达到无色界天神无形又无情欲的生命形态。

欲界天道以下的生灵全部属于欲界，生命存在的日常状态受制于情欲；因为情欲，此界生灵如犯毒瘾般地苦恼万端；更严重的是，如果没有情欲，此界生命就无法延续。

在娑婆宇宙内，生命就不断地在这三界中演化不息。享福的神灵们也会沦落到我们人类中，甚至牲畜中、地狱里。佛陀认为，如果他们生前皈依了佛、法、僧三宝，成为佛教徒，就可以避免沦落的危险。

佛教传说中就有这样一个故事：

从前有一个欲界的神，因为几百万年的福报享尽，死前衰老的恶兆呈现在他身上。痛苦不堪的他，运起最后的力气，搜寻能救度他的对象和方法。

这时候，福至心灵的他突然想到佛陀能超越和解救老和死这两样病，于是他运起自己的星际飞行能力，转眼间从天上来到人间佛陀的面前，请求得到解救。

佛陀和他都了知宿命，都知道如果这一次死亡在劫难逃，他就会沦落进驴胎中，成为一只愚蠢的驴子。

佛陀见他每况愈下、时不相济的老病状况，只能教他念三皈依。三皈依之后，这位神就告辞，打算返回他的天宫吩咐遗嘱料理后事。没想到还没等到他回家，就在半路上亡故了！

这位生前常常发脾气的天神，死后神识随着愚痴瞋恨的前因驱使，落进驴胎之中。正在这个凶险万分的时刻，这位欲界神灵心中至诚地念起皈依佛、皈依法、皈依僧……

说时迟、那时快，由于皈依三宝的力量，使这匹母驴突然乱窜，因而惊动了脾气不大好的驴主人，于是驴主人立即拿了根鞭子痛打了母驴一顿。

这使刚受孕的母驴应时流产，逃出驴胎恶报的欲界神灵，由于皈依三宝之福，还原回原来神灵的光荣模样，顺利地返回天国。

佛陀忍不住赞叹了这位明智的欲界之神。这一回他又有几百万年的天寿可资运用，想必他一定会因此善加运用，以求超越生死轮回的苦海，而不是像过去一样没事整天发脾气，累积沦落恶道的因缘。

须弥山是座什么样的“山”

按照佛教时轮部的说法，须弥天体（须弥山）的形状与地球相似，但也不完全相同，他的下面是半球形，上面又是球形的，就好像中国年画中金元宝的模样。

时轮部把整个南大洲（即现在的地球）分为12个地段，太阳昼夜运行都要照遍12段——这已经相当接近现代天体学了。

据说须弥天体是由四种宝石形成的，南面是宝蓝色，因此，我们居住的这个南瞻部洲（地球）的天空呈现蓝色。

对人类来说，须弥天体实在是太大了，超出了我们的视觉范围，所以他只是个“存在事件”，而不是个“视界事件”，我们目前还无法看到他。

在须弥天体周围，类似地球人类这样的生灵系统，还有其他三个，这就是佛教的四大部洲：东胜神洲、北俱卢洲、西牛贺洲、南瞻部洲。

在四大部洲中，其他洲的众生没有佛法，只知道享乐，只有南瞻部洲的地球有佛法。

比如说北俱卢洲。这儿的人寿命长达八万多岁，从不生病，要什么有什么。排泄根本不必像地球人那样，要很辛苦地找卫生间。在这里，随便找棵躬树往下一蹲，树们就乖乖地将树枝弯下来盖住方便的人，同时地面也裂开缝。方便完以后，地面合拢，地上冒出水来把人们的屁股洗得干干净净，一阵暖风再为人们吹干。

这里的地面会裂开收走垃圾秽物再自动进行处理。放眼望去，根本看不见任何不干净的东西。

躬树们还会长出食物和衣料，生活根本不用操哪怕一丁点儿心。

虽然我们人类的生存条件很差，苦难重重，根本没法和须弥天体的兄弟星球相比，可是因为有佛法存在，就显得非常殊胜，有解脱死亡的机会。

有以欲望为主的宇宙吗

欲界，顾名思义就是以欲为根本的世界。“欲界无禅”，指的就是说欲界生灵的烦恼比较重，一般没有真正的禅定，真正的禅定是无欲的，是在色界宇宙以上的。

地球人类之上还有欲界六重天，这都是属于神灵的高级生命，我们是看不见的。

佛教称欲界的另外一个原因是，这个层次的宇宙内以男女两性为生。

在我们欲界，天神们也分为六个层次，身体比人大，身体的大小、寿数、身上的光、生活的来源及其生死情况在《俱舍论》中均有详细说明。我将在后文以佛陀前生的经历，对此展开详细的描述。

密宗的修行导师们几乎都认为欲界的神灵会时常前来地球，我们叫他们“外星人”。我们所见所说的外星人不大可能是色界的神灵，一般都是欲界的。因为色界的公民身躯真是太高大了，超过几个地球的大小，欲界无法盛下。

在欲界六道中，是以地球的人类为生命演化的主体的。人类会积极地影响到其他五道，畜生道跟人道相处在一起，是不必经过佛教的禅定修行就可以看到。而地狱道、饿鬼道则是受恶报的地方，有些人因为有某些神通，或在特殊的因缘条件下，或许可以看到饿鬼道的生灵。至于地狱道呢？他们受苦都来不及，根本没有办法逃脱出来到外面吓人。

饿鬼道的生灵们也不全在忍饥挨饿。他们又分为多财鬼、少财鬼、无财鬼等等。例如中国乡村常拜的土地公，就是多财鬼之一。而鬼道的某些上层、比较高级的部分与天是很难界定的，有天而鬼，也有鬼而天的。

至于无财鬼，就像中国人在“放焰口”这个节日（类似于西方的万圣节）里要通过烧纸钱款待的焰口鬼一类，他们非常饥饿但喉咙太细，食物无法入口，身心都受到巨大的痛苦。所以三恶道——地狱、饿鬼、畜生都是在受恶报的。他们要修行向善也可以，但是很难，机会很少。由此，我们知道佛教的一位大菩萨，地藏王菩萨“地狱不空，誓不成佛”的愿力之宏大，悲心之深切——菩萨选择这样的恶道生灵特别教化之处，真是难上加难。

人道和天道之间，还有阿修罗道。此道生灵是以瞋恨心重为根本特征，也是男女有别，男的凶暴异常，生性好斗，喜欢生气，尤其喜欢生天神们的气，他们认为天神们样样比自己好，心里极不舒服很不服气，所以常常发生争战，但是往往战败而逃。他们是有天之福而无天之德的生灵，似天非天，因此阿修罗的汉语意译是“非天”、“无端”等。但此道生灵的女子极端美丽，为宇宙中一流。

欲界天道中生活着的生灵，又叫天人。天人是在欲界中具有大福报的生灵，也就是福德很多的生灵，于是出生于天界快乐地享受天福。

欲界中的天道分为六个层次：四天王天（六欲天）、三十三天（忉利天）、焰摩天、兜率天、化乐天、他化自在天。

第一重天是四天王天，居于须弥天体之半腰，分为东西南北四方。东方是持国天王、南方是增长天王、西方是广目天王、北方是多闻天王。佛教一般认为四天王天是三十三天天主帝释的外将。其中东方持国天王，意思是能护持国土，居于须弥天体的黄金埵（埵，相当于须弥天体的某一面）。南方增长天王，意思是能令他人善根增长，居于须弥天体琉璃埵。西方广目天王，意思是能以净天眼常常观察和保护地球，居于须弥天体的白银埵。北方多闻天王，意思是福德的名声传遍四方，居于须弥天体的水晶埵。佛教将此四天王认证为护法，他们护持佛、法、僧三宝，让众多生灵在修行的道路上能够吉祥如意。

再往上一重是三十三天，即忉利天，居于须弥天体之顶。此处人民寿命有一千岁，他们的一天一夜是人间的百年。此天共有三十三个天宫，所以叫三十三天。其天主名为释提桓因，就是帝释天王，他居于中央之喜见城，其四方各有八天：善法堂天、山峰天、山顶天、钵失他天、俱吒天、杂殿天、欢喜园天、光明天、波利耶多天、离险岸天、谷崖岸天、摩尼藏天、施行天、金殿天、鬘形天、柔软天、杂庄严天、如意天、微细行天、歌音喜乐天、威德轮天、日行天、阎摩那娑罗天、连行天、影照天、智慧行天、众分天、曼陀罗天、上行天、威德颜天、威德焰轮光天、清净天，共三十二天，再加上帝释所居的天宫即三十三天。

帝释释提桓因也就是中国民间所称的玉皇大帝，具有福德，所以居天宫中享受种种庄严美妙的生活。他有一项宝物很有名，在佛教说明“法界”的华严莲华藏世界海时，总是以此宝物为比喻，那就是帝释网。帝释网是悬于帝释天宫之宝网，网中以宝珠相结，这些宝珠光明互映形成珠珠相摄，一珠现一切珠影，一切珠都纳于一珠中，各各如此，显现重重无尽的影像。

三十三天再往上一天是焰摩天，他的意思是时时喜善，也就是说此天人民善于时时享受欲望之乐。

再往上一天是兜率天，即喜足天，意思是人民能于五欲之乐中产生喜乐满足之心。此天一日一夜为人间四百年，天寿有四千岁。有内外院之分，外院是一般的神灵所居，是属于天界。内院比较特别，他不属于天界，而是将要在娑婆宇宙成佛的补处菩萨的住处，也就是未来要下生到地球成佛的菩萨的最后一生的处所。就现今而言，这个人就是佛教的弥勒菩萨。所以兜率内院又被看成是弥勒菩萨的净土。

再往上一层就是化乐天，此天的人民，能以自己的能力自在变化而娱乐。

欲界最上一层就是他化自在天，所以又叫第六天。此天的人民更厉害，享受娱乐不必经由自己辛苦变化，而是假借其他天的人民的乐事来自在游戏。在《大智度论》中说魔有四种，其中就有此天——他化自在天子魔。但也有认为此天魔只是居住于此天中而已，并非是他化自在天天主本身。此天魔会妨害正法，在经中都称为“波旬”。

这是欲界六天的空间及生命情况。根据佛经所载，在欲界诸天的男女做爱方式有五种：四天王天与忉利天的人民与我们人类无异，需要男女性器的交合。焰摩天则拥抱拥抱就做爱成功，兜率天则是男女手挽手，化乐天是相对笑一笑就可以，他化自在天则是相视就成了。

欲界天的人民他们时时处处在享乐、受善报，所以想要修行也是比较困难——由于太过快乐，根本没有心思修行。

但又因为人天的“无明”苦根没有除掉，这种所谓的“快乐”只是和苦难深重的三恶趣相对而言，并非真正的“无乐之乐”。这种人天的快乐在佛陀的眼里，是不究竟的。这种快乐具体地说，有变化无常的不稳定性，苦乐交织在一起的混杂性，对心理感觉的欺骗性，所以说既治不了死亡病，也不是根本的解脱。

我将在后面的部分，以佛陀在未成佛之前的生命轮回经历为主线，逐步地展示更详细的欲界宇宙及生命的状况。

地狱到底有多恐怖

据经典记载，佛陀成佛以前的过去几世中，有某一世名喜见。由于喜见瞋恨心重，好生气、好斗的恶业而轮回进了地狱中，领受种种刑罚。在以人类的岁月亿年记的时间里，一直推着一辆不断地把手和身躯烧得火红焦烂的大铁车。当时，他还有一个伙伴，是他在人类社会里一起并肩战斗的同伙。

在地狱中，沉重而火热的铁车使他们两个刑犯时刻被烧得丧失原形，全身多处组织焦烂，深深的洞透穿了身躯。

最后，他的同伴再也受不了刑罚所导致的无比痛苦，倒地打滚哀嚎不已，惨叫声响彻整个刑罚场。

在地狱里，由于大家受苦太过，这种惨叫声真是司空见惯。在这种漫长无期、毫无间隙的受刑过程中，由于刑犯太多受苦太重，因此这里只引起愤恨、恐惧种种病态的心理。而这一次喜见居然萌发地狱中极其难得的同情之心。他想：与其两人一起受苦，不如我一个人受苦，另一个人稍微休息一下也好啊。

打定主意之后，他鼓起勇气斗胆向无比凶狠的地狱狱卒提出这个请求。喜见认为车子他一个人照样推，让另一个受苦严重的受刑犯稍事休息一下，应该是一件能交代得过去的事情。

没想到地狱的狱卒闻言立即横眉瞪眼，凶狠的面庞越发狰狞，摇了摇犄角口气凶猛地说："个人的罪业个人承担，他受苦严重与你何干？"

说着就举起爪中的"地狱狼牙棒"，就像他以前无数次做过的那样，一棒打死了喜见。不过这次令他惊讶的是，喜见并没有立即复活过来继续领受责罚。

本来喜见还有数以百万年计的刑期，才能以死脱离地狱的环境，转生在苦不那么重的地方。但他仅仅由于这个同情的善念，死后神识直接出生到了欲界三十三天的天国里。

地狱和天国的生灵因为同属宇宙生态中的化生（一种以能量直接变化出生的方式），所以喜见转世的经验就像从一场噩梦转到另一场美梦一般，并不像我们人类拖着一个转换不易的粗重的物质的肉体之躯，在轮回中无

■假想中的地狱场景

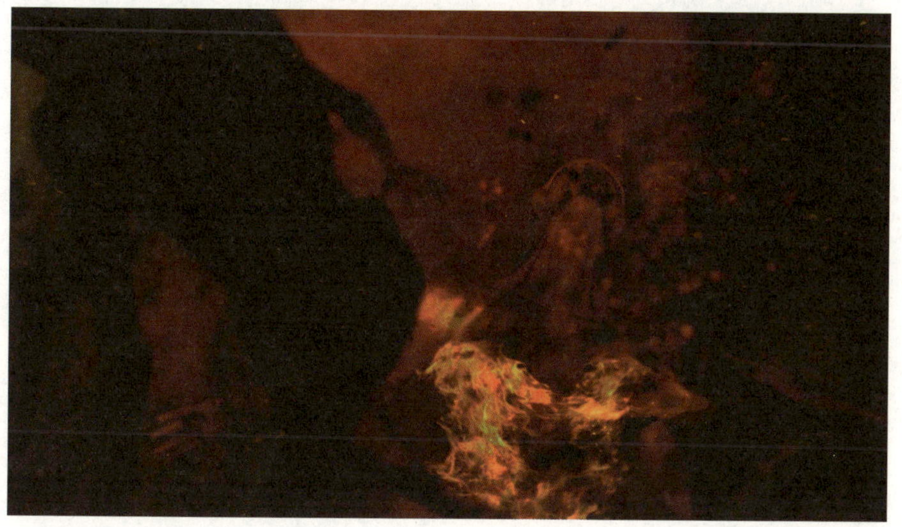

■假想中的地狱场景

法了解宿命。

喜见升到天国以后，运用天国人民特有的了解宿命的超能力，看到他的前生是从地狱中以一个偶然发起的善念而转生到这样尊贵的天堂里，他简直为自己偶发的善念感到万分的幸运。

喜见从此过上了颇为幸福的天神的生活，不像从前在地狱里那样凶暴异常、痛苦万分让生灵痛不欲生的可怕生活。

升到天国的喜见，虽然终究不免老去和死亡，但是无论如何，活着的时候相当舒适，没有长着牛头马头的凶残狱卒，个人具有相当的尊严。

喜见由于一个在地狱中的善念，所享受到的幸福真是人类难以想像。后来情况如何呢？

处身富贵的喜见，不免有天神们都不例外的骄纵傲慢性格。喜见也没能免俗，死后因天福享尽，恶业再次现前又沦落到地狱里。

佛教轮回里有所谓爬得越高摔得越重的说法。佛陀当年比喻说，人类掉进地狱相当于投身万丈深渊，神灵们掉进地狱则相当于掉进万亿丈深渊。

喜见也是这样。当他从天堂掉进地狱时，以能量变化出生的生命本身对前世清楚的记忆，那种感受上的变化，让他无数次地想寻死。

只不过地狱中的所有人没有一个拥有像自杀这样的幸福，除非他们恶的前因得到了充分受罪的消除，否则他们是死了活，活了死，根本无法逃脱。他们的生涯就是在昏迷和醒觉的情况下，领受着人类难以想像的痛苦。

他们会领受什么样的痛苦呢？

佛陀说：一个人类罪人每天被三百支铁矛连续不停地猛刺，这个人所领受的痛苦总合，还不如地狱罪人顷刻之际的痛苦来得猛烈。

喜见再次堕落为地狱里的国民，这次他可是直接就一落到底，出生在了无比的苦痛毫无间断的无间地狱（阿鼻地狱）中。

通向无间道的地狱

在这个无间地狱里，受苦的时间没有间断，受苦的地区没有间缺，甚至连刑罚的种类也一样不缺。因此，这里称作是毫无间隙地受苦的地狱，这是所有地底炼狱中的最低层，也是受苦最猛烈的牢笼。

各个宗教的经典里多有记载这类地狱事迹的。这可以提醒人类：恶劣的行为将会让自己堕落到这些可怕的世界中，这被认为有助于培养人类的善良。

喜见在无间地狱这专门惩罚罪人的地方，他的身心结构转生成无比耐罚的生理结构。比如，他的舌头可以像超级合金般被绷成极薄也不会破裂的平面，接着再用浑身燃烧着猛烈的火的铁牛，来犁这片舌头田地。这时候，喜见远比人类敏感的神经就会源源不绝地感受着巨大的痛苦，其他还有从上空降落的熔融状的陨石雨等等可怕的环境伤害。

总之，无间地狱有各式各样的自然灾害的侵袭，生存的情况真是惨到了极点。对于随时肚破肠流、肝脑涂地的可怖炼狱来说，罹患人间的癌症真是微不足道。

无间大地狱所呈现的惨况，大约类似人类用原子大战毁灭世界时的情况。不同之处则是人间的生灵在原子弹爆炸后都会死，而无间地狱则死了又复生，生了又死，无休无止受苦无间。

喜见在无间地狱里受苦无数亿年，好不容易才从最痛苦的地狱中脱生出来，疼痛沉迷得不辨东南西北，接着又要经历无间地狱周边附属的十六个小地狱中的各种折磨与迫害。

地狱里的喜见，虽然身躯属于能量态，但所有的器官和整个神经系统都为了承受刑罚、忍受痛苦而进化成了特殊的形态。

就拿喜见的口腔、胃肠和排泄器官来说，在地狱里为了吞下烧得火红的热铁丸和饮用已呈融化状态的铜汁，常常是还来不及消化就已穿肠破肚地流出体外，甚至铁丸和铜汁还呈现着原来火红的状态，不一样处是这时多了一阵阵组织焦烂的味道。

这样痛苦的责罚不是一次、两次，而是数以百千万亿次地反复进行，其可怕的程度难以想像。

此外，还有像随焦随长的脚，踏在火热的煻煨地狱里的煤炭大炉尝受锥心刺骨的痛，在这无间地狱和附属十六个周边小地狱的号叫痛苦之声，就像森林里的鸟叫声一样稀松平常。

因为受剧苦太稀松平常，所以，罪犯此起彼落的痛苦呼号声，大家永远是充耳不闻，每个罪犯都只能操心自己，完全没有能力分心到其他人那里。

终于有一天，不复原来的形体的喜见终于受完无间地狱周边不同小地狱的苦痛，他被转移到痛苦较轻但依旧猛烈的大号叫地狱。

这个地狱之所以被定名为大号叫，是因为这些火焰虽然猛烈，但不至于像可怕的无间地狱那样苦无间断，有时病犯连惨叫都还来不及，就已被烧得焦黑不辨。

大号叫地狱比较像是一群人身陷猛烈燃烧的火宅里，火燃速度虽快，但还来得及想到将要受到的苦，还能号叫。这地狱是个内外两层的火红铁造牢房，里面的囚犯不仅因为火烧时的痛苦号叫，更令他们大哭号叫的理由是他们能很清楚即将加身的痛苦。

比之于无间地狱那种常是迅雷不及掩耳的痛苦，这种害怕也同样让人毛骨悚然。

在大号叫地狱的受苦日子之后，喜见还经历了号叫、等活、黑绳等六大热地狱的痛苦，这当然还包括大地狱附属小地狱中的苦。就这样，当他终于领到了脱离地狱的文书，可以安心一点死亡，不再复活在地狱里时，已是经历了人类不知多少亿万年了。

饿鬼们的吃喝问题

喜见昏头涨脑地转生到了饿鬼的世界，在一块表征区隔开地狱和饿鬼的分界碑前，新出生的喜见发现自己的能量身体变成了头大如斗、腹大如鼓、咽细如针的形状。放眼望去，黑暗和火光闪烁的世界里，到处是一群群被饥渴折磨得不成鬼样的生灵。

就像中世纪欧洲发生大瘟疫时，人类骨瘦如柴、病苦不堪的惨况。

对于人类来说完全是清凉奔流的河流，在饿鬼们的眼里猛烈地燃烧着，腾起冲天的火焰，根本就不能饮用。偏偏饿鬼们肠胃系统的神经特别发达，对饥渴的感受力极其敏感，一饿就像胃里面有猛火在燃烧；一渴就两眼鼓突遍身如火焚，这给饿鬼们造成了极大的苦楚。

饿呀，渴呀！有许多饿鬼同胞们大声哀嚎，四处奔跑，希望找到哪怕一点儿吃喝也好。喜见看到一个有三层楼那么高大的巨型鬼时常从旷野里找到一些吃喝，当他眼巴巴地往自己嘴里送去时，食物和水总是在刚要沾唇之前化成飞灰——这简直比纯粹吃不到东西更令“鬼”疯狂。

食物与饮水的极度匮乏，引发了鬼吃鬼的尝试。大鬼将小鬼打倒，挖出脑浆准备解渴，谁知刚将爪子伸进头颅内，爪子就被一股腾起的猛火剧烈地焚烤，大鬼立即倒地哀嚎打滚。被做了开颅手术的小鬼实在太渴太饿了，小心地尝试着挖自己的脑浆尝尝，他发现这样居然行得通！于是鬼们纷纷仿效，被饥渴折磨得实在受不了时，便忍着巨大的痛苦自己做开颅手术，挖出脑浆来吮吸，倒能稍稍减轻饥渴之苦。

其中也有一些不那么凄惨的饿鬼们，也只能吃喝一些脓血粪便而已。

只有那些被天神派来管理饿鬼道的多福鬼们，才可以吃喝到人类给他们的祭祀供品。

对于前一世还在地狱里的喜见而言，这里的苦简直是微不足道。当他在饥渴的间隙中能稍稍安逸一阵子时，他的心智渐渐醒转，良知隐约浮现。由于他自己饥饿的痛苦，他联想到其他所有生灵的痛苦。

喜见仍然拥有能量态的躯体，可以忆起宿命，并且通过多福鬼们的教训，他了解到这里的生存状况是如此的不佳，多半和大家贪婪吝啬的业报有关。因此，饿鬼们必须经过宇宙中断食断饮的惩罚来偿报。

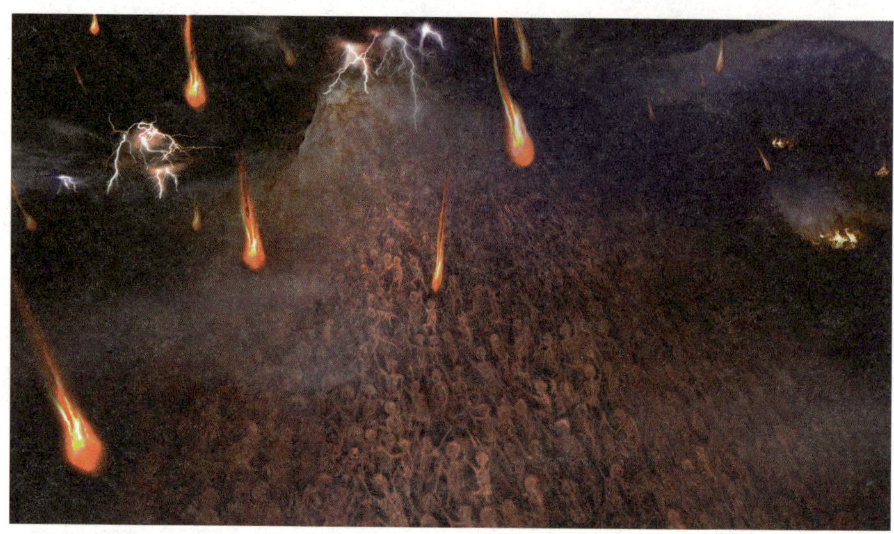

■ 假想中的饿鬼场景

■ 假想中的饿鬼场景

喜见糟糕的动物人生

当喜见饱尝饥渴之苦达几千年之后，他终于死去摆脱了这可怖的生涯。

从鬼道转生到了畜生道，喜见拥有了一具物质的躯体。由饿鬼变成畜生的喜见，再也忆不起任何宿命的消息，整天在动物的本能中度日。

他所处的森林里盛行丛林法则：弱肉强食、互相吞食、不讲道德、不明是非、野蛮愚昧。

除了血腥的互相吞食之外，畜生道的生灵还吃喝腐臭肉等。

在畜生道的其中一世，喜见转生成了飞行狸子。当狸子期间，他饱受一种鸟的聒噪之苦。

在喜见生活的森林里，其中一座山里长着无数的荜拨树、胡椒树以及其他各种药草。荜拨树上常常栖息着一种鸟，名叫“我所鸟”。要是春天药果成熟时，许多人类都前来采摘药果，用这些药果治病，这时我所鸟总是悲伤地叫唤着：“这果是我所有啊！你们不要采摘！我心里真不愿意谁来采摘啊！”

他虽然这样叫喊不休，人类又听不懂鸟语，还是照旧采摘，一点儿也不理会他。这鸟忧伤地叫呀叫，声声不绝，最后终于因为过于哀叫而死。

我所鸟的叫声让他的邻居狸子们吃足了苦头。喜见的一个同类因为实在受不了他的聒噪，曾经逮到一只，咬了一口后，发现其肉酸涩无比。这只倒霉的狸子吃倒了牙以至好几天也不能进食。

由于喜见他们的贪婪吝啬恶报还余了一点，因此即使转成了畜类，仍然会遭受贪婪小气的声音的折磨。

在畜生道的日子里，喜见不知经历了多少世你吃我，我吃你的恐怖生涯。后来终于转生到人间，许多世做牛马驼驴，负重跋涉常常遭受主人的鞭打，老了再被宰掉——真是苦不堪言。

指挥宇宙大战的将军

佛陀的前身——喜见在历经了娑婆宇宙中地狱道、饿鬼道、畜生道的生命轮回经历之后，他的善业的果报终于珊珊迟来了。喜见死后，投生到修罗道的世界里。修罗们拥有能量态的身躯，属于宇宙中的化生。

修罗道的生灵们——阿修罗虽然享福，可是终其一生，都主要活在怀疑、妒忌和相关的战争里。

阿修罗本来是天界的一种有福无德的神灵。以前和他们做邻居的欲界三十三天的神灵，实在无法忍受他们喜欢胡闹、胡作非为的社会风气，因此就打算设计将他们赶出须弥天体的顶部。

阿修罗们主要的行为就是杀生、偷盗、邪淫、妄语、恶口、两舌、绮语、瞋恨、邪见，这些恶劣言行使得须弥天体顶部这个高级天国的所在时空乌烟瘴气，犯罪的放逸行为天天上演。邻居——那些有福有德的天神们有一天找到了一个赶走他们的好机会。

在一个天气晴朗的日子里，有福有德的神灵们邀请恶邻居们前来赴宴，宴中所有的福德神们都假装和阿修罗们一起豪饮狂欢。

宴过半席，不知有诈的阿修罗们个个充满酒意，在酒精的作用下开始胡言乱语、胡作非为，神灵们个个耐着性子，等待计谋的成功。

不久，果然所有的阿修罗都醉倒在地不辨东西，这时神灵的大将军一声令下，阿修罗们被统统捆绑在地，然后全部被推到须弥天体的底部。

于是在那里产生了阿修罗的国度。

使诈赶走阿修罗的三十三天的天神们，于是占领了所有阿修罗的住处和相关产业。

这是阿修罗和现居三十三天的天神们时常进行宇宙大战的一个重要原因。另一个重要原因则是：须弥天体的球状顶部生有一棵神们叫作画度的树状天体，每天可以长出无数衣料、饮食和珍宝，而这棵树状天体发达的能量吸收系统却是从须弥天体底部新阿修罗国度的大地中吸收能量，可是画度的好处阿修罗们却一点也分不到。

本来就品性不良的阿修罗神仙们，少有哪个能忍下这口气。

因此，阿修罗们在被害之后，一代代一个个都患上了类似人类的被害妄想症的好疑习性，他们凡事都必先往坏处联想，对于那些胜过他们的其他天神，尤其是住在须弥天体顶部的冤家们，无不普遍怀有妒忌和仇恨，并因此常常发动宇宙大战。

喜见在出生长大以后不久，就按照修罗国的规矩投身军校，接受严酷的训练。在军校里，他表现优秀，本领卓越。于是在毕业后被分到修罗军队里的巡洋舰部队中。

在几次战斗之后，由于他表现不错，摧毁了好几艘天神的飞碟战舰，于是一步步得到提拔，最后成了一名在阿修罗历史上空前伟大的将军。

喜见将军曾经指挥四分之一的阿修罗军队，差一点攻战了半个山峰天。他的指挥艺术真是可圈可点。在人员素质、武器装备、后勤供给、野战救护等各个方面都落后于敌人的情况下，喜见针对敌强我弱的战力情况，把战斗指挥得如行云流水、天衣无缝，眼看就要创造阿修罗历史上前所未有的巨大胜利——如果他没有遇到三十三天天主释提桓因的话。

喜见的猛烈进攻最后惊动了欲界三十三天天主释提桓因，这位欲界天神们的最高领袖，寿命很长，拥有一件无与匹敌的武器——金刚杵。

释提桓因率领天神部队亲自迎战阿修罗大将军喜见。他将金刚杵放进旗舰的特殊装备内，通过能量的催动发射出威力不可想像的光线，数次发射以后不仅摧毁了喜见的部分战舰，让喜见根本无法保持战舰的完整队形，而且释提桓因这一次太生气了，将金刚杵的装置炮口对准了修罗国所在的时空隧道。他轻而易举地毁掉了阿修罗们千辛万苦造起来的防御工事，光线在修罗国的上空炫目地闪动，引起了惊人的能量波的扰动，一下子令所有见到光感受到波动的阿修罗孕妇们个个流产。

喜见这一次惨败而归，修罗军队伤亡重大。在与天神作战时，阿修罗只要被伤到致命之处，就会死亡；而天神们除非头颅被彻底毁掉，否则他们被抬到天国里，用天国（原先当然是阿修罗的地盘）特有的八功德水疗伤，很快就会复原如初。

从山峰天抢来的八功德水很快用完了，喜见将军对受伤死亡的手下将士毫无办法。

拥有洁净、清凉、甜美、润泽、柔软、安和、除患、增益八种功德的八功德水在阿修罗的祖上，那是阿修罗的呀！今天却被敌人用来对付原主人！

■ 假想中的阿修罗道

喜见清楚，这又是一个解不开的仇怨了，会成为日后阿修罗们战前动员、鼓动士气的重要话题。

阿修罗们因为这些动辄死伤的战争，使大家的身心状态都很不健康——好疑、好妒，好发动战斗。将军也好，平民也罢，大家吃了无数苦头。这一次，喜见深受刺激，忽然良心发现：这样疑、嫉、战的恶性循环日子持续下去怎么得了呢？

于是喜见将军亲自前往释提桓因那里和谈。喜见的举动震惊了整个天界，虽然他最后通过艰苦的努力给双方带来几百年的和平，却仍然免不了在家中被对天神积怨太深的阿修罗同胞刺杀。

但喜见的一生给阿修罗和天神们都留下了不可磨灭的印象。日后喜见成了佛陀，他以此缘起得到了阿修罗和天神两界的全心拥护，阿修罗和天神这两家不共戴天的仇敌在过去的喜见菩萨、如今的释迦牟尼佛面前，放下恩怨，都愿意皈依他，成为佛教的护法。

不安宁的人间之旅

佛陀说："人身难得。"这是说明要获得像人身这种能够修行佛法的理想身体，在生命轮回中的其他五道是找不到的。正因为如此，佛陀最后再来人间要成就佛的果位时，还得从欲界天上的喜足天宫（兜率内院）降生人间，由此可见人身的宝贵之处。

在修罗道被害的喜见，由于生前给天上双方带来了和平，这在一定程度上抵消了他发动、指挥战争的恶业，所以死后就投生到了人间。

喜见出生后，获得了物质的肉身，并且受到人类共有的生命形态的影响，他发现自己的身心恒常处于一种不稳定的状态，一下子想这样，一下子又想那样，身上这儿痒那儿痒，做做这件事又常常不了了之，接着又做做那件事。

这种身心不定、内心不宁的状态，是人道所共有的根源性特征，身为人类常常有身心不由自主的病苦，就算有人要帮助人类，也会因为人类自己定性太差而使他人帮不上忙或根本使不上劲。

喜见出生在一个中产阶级家庭。即使他结了婚，享受人类最喜欢最拥护的性爱时，也不免如此——忽而有高潮忽而没有高潮，忽而兴致盎然忽而灰心丧气。他越来越苦恼这种状况。

喜见这时当然无法了解他伟大的前生。但人类的这种生活状况引起了他深深的思索——

人类精神、肉体和语言上是什么因缘呈现这样的一种糟糕表现？人类如何才能自然地过上快乐而自在的生活呢？

当疾病、衰老和死亡不打招呼就来拜访人类时，居然没有一个人有哪怕一丁点儿办法！喜见想到自己就得这样一生接着一生，一世因循一世，生生世世不断跌倒在这样苦多乐少的可怕生活中，最后向死神投降，不知不觉感到不寒而栗。

人类由于贪婪、瞋怒和愚昧三种恶习性的影响，使得自己健康快乐的追求潜伏着事与愿违的危险因子，这些因子又因贪瞋痴得以获得更有力的发作条件。

这就是人类不仅征服死亡的事业从来不成，并且连一般的事业难有大成且多半不成的原因。

■ 菩提树下　成等正觉

有一天，喜见厌倦了这一切，于是他坚决地出家，以求得找到超越这种生命状况的良好办法。

出了家的喜见，在他的时代里并没有佛陀，只有传播片面和相对真理的外道。在他们那里，喜见并没有得到什么真实的答案。

但在人间的喜见，毕竟其内在的菩萨愿心开始显露，他下定决心发下了一个如金刚不坏的宏愿：他发愿自己往后的生生世世一定要超越那些外道，超越人类自身共业的误导，在娑婆宇宙中成为这一劫的第一人：成为佛陀。

喜见发了这样的愿力，果然精进努力、力行十善地修行了一生，但由于娑婆宇宙本身生产出一位佛陀的助缘尚不具备，所以喜见也没有成就佛果。

重返天堂

死后重生的喜见，发现自己出生在四天王天的华丽宫殿里。他的父母是东方持国天王政府中重要的内阁成员，主要负责本国重要的宇宙通讯部门。

在这个幸福的天堂里，喜见忆起人类的苦求衣食而常常无法满足的情况，这里简直是幸福得太多太多了。该国没有任何一个贫民，甚至连贫民的名称也没有听说过！

这里只有大富豪与小富豪的差别，没有人间贫富的问题。天堂里的公民每天只过着吃喝玩乐的日子。

他们想衣衣来，想食食来。能量态的水极通神性，一群神灵在同一个池子里洗澡，想洗腿的水就升到腿脚，想洗头的水就升到头上。大家各洗各的，互相绝不干扰，到处是和睦幸福欣欣向荣。

由于衣食根本不用操心，所以天堂里的精神文明极其发达，各种电影戏剧、音乐舞蹈、服装展示会远非人类所能想像。

后来佛陀曾说：集古今所有人间最富有的人，将财物累积起来，依旧无法和四天王天的一个普通百姓的资产相比较。

喜见父母负责的宇宙通讯部，负责在各个时空建设通讯中转系统，让本国公民能够随意地前往宇宙各处。他们的太空文明早已达到了非常高的水平，可以任意地前往下界各个地方，在能出力帮助下界生灵发展文明的时候，助上一臂之力。行善是天国公民在宇宙中义不容辞的责任，也代表着天国的尊严和荣誉。

生活在四天王天国里的喜见，由于往昔的菩萨善根和伟大愿力，他渐渐地发现天神间普遍有着因幸福快乐所引起的傲慢。他们不仅瞧不起下界的贫贱众生们，就连同为天神彼此间也暗中较劲，个个一副不可一世的模样。

每个神明似乎眼中习惯性的有上无下、羡上卑下；这种由福所起的傲慢骄横习性，让整个天堂弥漫着以严重的傲慢心居高临下地向下界行善。

长大后的喜见，也颇受环境的恶劣影响，对于由行善成就的天国家园有着强烈的自尊自傲；反之，对于那些行恶卑劣的下界生灵贱视不已。

每天的生活就是享福，而后的工作就是自以为高贵而贱视其他生灵地向对方施恩行善，天神公民们几乎个个心智僵化，难有众生平等的真实智慧产生。

一天，喜见在天堂例行的反省忏悔的善行中，警觉到自己居然在不知不觉之中极其傲慢，习惯于富贵的他，轻视不如他的人或神变成一件习以为常的事。

喜见此时生起了深刻的愿心，他绝不愿意屈服在傲慢之下。于是凡事他都卑躬屈膝，希望自己能超越傲慢。经过很长一段时间，喜见变得很有适应性，他的谦卑让全国上下普遍赞扬，各个媒体都评选他是天堂中谦卑第一人。所以喜见也几乎要认为自己已经成功地征服了傲慢病。

一天，当喜见在谦虚的心境中享受着那份柔软感受时，忽然发现："我是这样地因谦虚而感觉到自己了不起！"喜见大吃一惊——原来傲慢从最初就以"志气"的伪装，牢套在有心向善的喜见身上，让他毫无知觉地徒劳对抗了这么久。

这时，喜见产生了深深的觉醒——那些基于某种义愤的努力，本身就是一种傲慢的烦恼，使失败的人气馁，使成功的人恃慢。

■三毒

这时他想：在这天国里，谁能脱逃出这条坚固的傲慢绳索呢？只有我！我一定要挣出这个束缚。

转念间，他自问："难道别人就不行吗？不会这样吧！"这时喜见发现，自己依旧陷在傲慢的泥塘之中。

他想：到底应该怎么逃出这傲慢的黑牢呢？

这一深思就经过了人间几十年的时光。

四天王天的一天等于人间五十年，他们可以活上天国五百年的寿命。深思了一个上午的喜见，已经经过了人间二十五年的岁月；以七十岁的人寿来算，人间已经经历了两代祖孙的时光了。

喜见明白，傲慢使原本已经猛烈的人神共有的贪、瞋、痴三种恶习性，更加强有力。

据《俱舍论》说：欲界天人的死期是预先知道的。喜见也见到过亲人朋友的死亡，将死的神灵总是在五天前（一天等于人世间五十年），能量态的身体就发出一种死亡讯号的光色，出现死神前来拜访的五种征兆——头上类似教皇那样的冠冕色彩黯淡，原本圆润光洁的面孔变得苍老难看，两腋分泌出难闻的气味，自己的宝座也坐不舒服而愿意坐在地上，妻妾们躲得远远的。甚至朋友们也不得不走开，因为其身上的气味太难闻了。这时候将死的神灵本人很愁，最后活活愁死。

生活在天堂的日子里，喜见一直尝试着找出对治死亡的方法，但是最终没能解决。

天堂的生活有多舒服

由于自我反省、自知自觉的惭愧和谨慎小心，喜见在四天王天的善业远胜他人。所以在他的寿命终了时，便投生到了更高层级的天国——三十三天天国里。

刚出生在三十三天的本师，在天界的身形比例，就像一个他们那儿八岁小孩和成人之间的比例。他从母亲的身体中以能量态像彩虹一样分娩而出，两个星期后他就长得像一般天神一样巨大。

和人类相比，三十三天的天神们个个有几公里高大，身体就像一座小山一样。

三十三天这些居住在须弥天体高处的天神国度里，天神们见到人间甚至畜生们都太污浊、太卑下，难免产生傲慢的优越感。

喜见在须弥天体顶端的日子里，衣食应念而至，完全不必费丝毫之力去谋生活，这里几乎没有人类所谓的病患——除了与阿修罗作战时发生伤亡。他们在欲界宇宙发展出了较强的禅定力量，大家日常就是忙着在欢喜园中享受各种天上的游戏，诸如千弦琉璃琴的独奏音乐会等。

■ 善恶业

喜见成年以后，在文学、音乐、武术、舞蹈等艺术类方面表现出了出类拔萃的天赋——这在以精神文明为主的天国，是一件令所有人赞叹的事情。

后来，喜见就以很高的威望加入了三十三天天主释提桓因的内阁，出任天国文学艺术部的大臣。其实，我们的本师释迦牟尼佛，不仅在他的喜见前身表现出了卓越的文学艺术成就，而且在他更久远的前生前世，一直在这一领域是如此的专长。所以后来他又被娑婆宇宙的各界生灵称为“释迦文佛”。

尽管喜见是如此的优秀，但他的傲慢却并不严重。他在自己的政治见解里，就强烈地主张：各界生灵在皆有生存的权利方面，是平等的。在天界和修罗界，喜见因为他的前身、今世的杰出表现和高尚人格，赢得了众神灵的尊重和敬意。在天神和修罗时战时和的过程中，喜见奔走呼吁着，就是品行远不及天神的阿修罗们，也会给他面子。此外，喜见兢兢业业地主持着文学艺术部的工作，将天国的精神文明推向了一个较高的阶段。

做阿修罗将军和三十三天部长的生命经历，影响着后来本师在人类社会里的命运抉择：在转轮圣王（称霸世界的帝王）和佛陀之间，他毅然决然地选择了后者。

王霸之业是建立在战争浩劫、尸横遍野的基础之上的，没有任何一个生灵不对自己的生命留恋。后来佛陀主张众生平等，是和佛教对于生命的深刻了解分不开的。

喜见就这样活过了天上极悠久的年岁，在天神临死前的五种恶兆显现在他身上之后5天，从三十三天逝去了。

三十三天的一天等于人间100年，他们可以活过天寿整整1000年，等于人类3650万年的寿命。后来佛陀在我们人类当中，总是要求大家行善积德，建立福德求得升天。升到天国的人，终究和因邪恶卑劣掉到恶道的人命运大不一样。

在焰摩天活了一亿多岁

三十三天的喜见，以自己的善业投生到了须弥天体上空的焰摩天。这个天国里的生活品质远比三十三天高级。不论眼睛所见、耳朵所闻、鼻子所嗅……在在处处都是各种应身心享受而发明创造的高级设施，可谓应有尽有。

焰摩天国的一天等于人间 200 年，国民们可以活上天寿 2000 年，也就是人间 14600 万年。

至于肉体方面，天神们个个都是彩虹般透明的能量身体，完全没有内脏、骨骼、血脉等等粗糙的物质生理组织。所以，他们也就根本没听说过疾病这词。

焰摩天已经进化出了欲界宇宙相当不错的禅定力量，大家的身心状态经常处在平稳自在的状态。就是在夫妻做爱时，也能够享受恒久稳定而持续强烈的快乐。

焰摩天国的公民们只有在精神方面对死亡本身的痛苦，能量身体上的病苦极其细微——没有哪个神灵会明显地感觉到。当然，这是和下界生灵

■ 六道

比较，如果和更高层次的上界天神们相比，不免被看做还有明显的病态和病苦。

喜见在焰摩天国里成年后，四处找寻治疗死亡疾病的医师和医治方法，但在一亿多年里的人间寿命期中，最终还是没有找到这样的医师和医治方法。

焰摩天的公民们相互的沟通是思维、情感、语言三者共同进行，或者说他们的语言本身就包括了完整的思维和情感，大家很少有沟通不良的情况发生。由于语言是能量态波的传播方式，他们的语言本身就具有超远距离传播的功能，所以他们不像我们人类那么孤独，因为他们几乎全体拥有一个心灵和情感。直接看着和了解自己亲近的同胞们在临死前的巨大痛苦，虽然在集体心灵和情感里感受到巨大的慰藉，但最后仍不免活活愁死，喜见内心强烈生起的大愿力、大慈悲几乎能扰乱他出类拔萃的禅定力量。什么时候？又有谁能救治这些同胞呢？

现在我们知道，在娑婆宇宙生产出一位佛陀之前，这个问题是无解的。

喜见忽而又转念：假如我不能将自己治好，我能可怜谁呢？即便只是可怜自己都还不能解决自己的问题啊！

当然，最后喜见菩萨是来到我们人类当中，成功地解决了这个问题。在焰摩天界的一亿多年里，喜见只能勤劳地求解。寿终之后，喜见投生到生命位阶更高的兜率天国里来。

天堂里也能修行吗

这里的一天等于人间 400 年，天神们可以活到天寿 4000 年，这相当于人间 58400 万年。

在这兜率天国里，有内外两个部分。兜率内院是个特殊而神圣的地方，院外则是一般享有福德的天神们的生活区域。

内院里生活着一群特别的神灵，他们是在这幸福快乐无边的天国里，能够罕见地发心修行求解脱的公民。

在这兜率天的内院里，娑婆宇宙的历代诸佛，在他们的最后菩萨生涯里，都曾在此居住过。这是他们即将成佛的天上的最后一生，这就是佛教普遍传说的一生补处菩萨，意思是绍补佛处的菩萨，也就是过了天上的这一生，他就来到人类当中，成为天上天下，唯我独尊的佛陀。

喜见这次真的太高兴了！他成年以后，就在内院报到，通过面试后成为内院的一员。但此时解脱死亡还是件非常遥远的事。即便喜见现在是和一群即将解脱，或者甚至已经解脱的圣贤居住在一起，他依旧没能求证出答案。

他虚心好学，向住在内院的圣贤们请教有关解脱生死的方法，但是碍于娑婆宇宙自身的因缘，他总是不得要领。

在兜率天的长远寿命里，很容易让居民们误以为自己永生了，他们看到下界无数生灵死了又生，生了又死。从这里看人间，仅仅只是一天的时间，美国就已经从蛮荒之地发展成了超级大国。而这样的一天所累积的年数，他们居然可以活上四千年之久。

喜见在兜率天国虽然使尽了力气，但是在几亿年的时光里，依旧未能彻底搞清楚生命的真相，当然也就无法战胜死亡了。

但由于他的修行福德，喜见不像一般天神享完天福之后，就必然堕落下界，成为受罪的生命形态。喜见又升到更高层、更良好的宇宙环境中，这个天国叫做化乐天，是一个以变化身体、自由转化能量而取得快乐的国度。

时空中的能量转化

化乐天的公民一出生就会能量态身体甚至宇宙能量的转换变化，这是他们的本能。每个天神每天都在游戏的变化神通中玩耍——除非有一天面对死神的拜访。

这里的精神文明已经达到了欲界宇宙一流的水平。各种基于能量运用转换的天国艺术，发展到了不可思议的地步。化乐天的天神公民们无不日日花枝招展地举办各种艺术盛会。

每个天神在这艺术盛宴中将宇宙一切艺术形式采用，而后研究和变化出最高峰的水平。艺术才是他们真正的灵魂，也是他们一生的生命核心。

化乐天每天都有的光子媒介演示会、能量编程竞技赛、次元空间探索成果展览会……数之不尽的在宇宙各个时空、各个次元空间的外在聚会，无不让天神们陶醉于伟大的宇宙能量的精细奥妙之处……这显然是一个无穷无尽的探索方向。

但那些一旦面临命终的天神，再也无力用任何能量转换和深奥艺术来解救自己。由于享尽福报，恶业现前，死时直接堕落到畜生、饿鬼、地狱三恶道的公民也大有人在。

身居这种环境，喜见在自己的享福欲望和傲慢中不断地挣扎着。他就是非常、非常想征服死亡。

化乐天的一天等于人间 800 年，一年等于人间 292000 年，他们可以活上天寿 800 年，也就是人间 233360 万年。

在这么长远的寿命里，在快乐几乎成为生活的等义词的情况下，苦苦找寻超越死亡的答案，真是辛苦至极。

就这样，喜见在宇宙各处寻找答案逾人间 23 亿多年，依旧一无所获。“佛法难得”确实真实不虚啊。

最后，活过了化乐天的 800 多岁后，喜见转生到了他化自在天。

比孙悟空的七十二变更高级

他化自在天的一天等于人间1600年，他化自在天国的公民们能活上天寿16000年之久，这等于人间9344000万年。

这个天国是宇宙能量、物质转换变化的顶峰。对于欲界宇宙最快乐的情爱，他化自在天也已经进化出了最高境界。神灵们只需心神的交契，在双方两眼互相深视的情况下，就能达到最高品质的满足。不仅如此，他们还能自在地夺取下界生灵们做爱时的满足感觉自己享受——如果他们愿意的话。

喜见在这欲界他化自在天的国度里，每天生活在能量和物质无比调和的自在转换变化里，不论看的、听的、吃的、穿的，无不自在随心所欲的变现在面前。对于在如此长的时间里随心所欲的公民们来说，宇宙就是手中的玩具。

在欲界里，这是顶级的生活环境。他化自在天里的夫妇们，情爱的品质就我们人类来看，已经达到了超越想像的最高境界，他们的房事已经是一种绝妙的艺术。

■ 十二因缘

从能量隐形或者显形的转换来说，他化自在天神灵们的本领远不是下一级天界——化乐天所能想像的。他化自在天的天神们，个个活在各种隐形或显形的各个宇宙时空的旅行变化当中。

他们在欲界宇宙所有还有男女情欲的任何时空里，都是随心所欲、予夺予取的最高级自在者。

他们拥有巨大福报所带来的变化质能的本能功能，但往往不见得就有相对应的大智慧来规范他们的行为，因此他们就像人类中拥有巨大权力的人，一个不小心就可能做出对下界、对次元时空伤害巨大、无法挽回的坏事，而在命终后得到极重的恶报。

活着的时候以大能力破坏弱小，未来的生命就必须以万倍代价偿还，就像种下肥沃田里的一粒恶种子，未来可能长出许许多多让人意想不到的恶果。

在这样一个自在无碍的世界里，公民们生来就具有观察因果的能力，了知宿命。一般来说，大家总是尽己所能来行善，帮助宇宙各个角落。但所谓“身怀利器，必起杀心”，这里实在是太自由、太幸福了，快乐的极致诱惑无处不在，在这么长的寿命里，难免犯下过错。

喜见在天界已经上千亿年了，并没有像一般庸俗天神总是掉下去。但他还没有得到佛陀的伟大知识体系，对于神灵傲慢无明背后的深刻空性，他是不了解的。那么这就免不了对治傲慢时，对傲慢本身的记忆越来越深刻，落在“有”里，种子最终是要发芽的，是无法将自我的意识“转识成智”（将显、潜意识转化成佛菩萨的大智慧）的。

在这漫长的一生中，他对自己的谦卑越来越自我感觉良好，对他人的傲慢也滋长着看不惯，或明显或潜在的想“治上一治”，以此缘由，喜见命终之后，投生到了欲界魔天的国度。

魔王的郁闷

欲界魔天的国度十足是一个不折不扣的犯罪天堂，这里所有的智慧型犯罪都会被赞扬，所有智慧型犯罪的成功案例，在这里都会像人间宝贵的精神遗产一般，被仔细保存、代代研究。

与其说这里是智慧型犯罪，不如说是强大的宇宙能量运用能力与高度发达的智力结合的宇宙型犯罪。

整个宇宙里，除了无形无色的时空，这里的公民无法作怪之外，其他任何行善的地区，没有他们不到的地方。多少次当各界生灵打算弃恶向善时，总是出现这样那样的干扰，就是入了门也寸步难行。这是什么原因呢？就是这些到处横行，专门障碍行善者的欲界天魔或其下属干的。

在这欲界魔天的国度里，众魔之王是一个后来又企图障碍本师释迦牟尼佛的大魔王波旬。

波旬和他的人民如同我们人类中那些以合法掩其非法的高级政治流氓，他们从来不屑于做鸡鸣狗盗的小犯罪，他们只对达到一定水平的罪行有兴趣。

他们每天盘点着到处破坏善行的成绩，个个挂着满面得意，露出邪气饱满的笑容，互相比较着：

让那些不要女人的人，陷在女人堆中；让要女人的人从来要不到女人——多么有趣的场景！

让那些想要征服愤怒的人，被自己的怒火自焚自毁；

让那些想要得到智慧的人，却陷进自己的知识里，被无知愚昧折磨着；

至于那些本性愚痴的人，被波旬的下属弄得个个玩命追求肉体的快乐，造下更多的无知恶行，命终陷身恶道时，大家拍手称快。

那个喜见想要突破傲慢？你看看，就连这位被称誉为“欲界谦卑第一人”的人，我们也能让他产生这样有趣的想法：“谁能够像我这么谦虚呢？”

让那些不起疑心的人愚痴地相信着自己认为的“正确见解”；让那些起了疑心的人用傲慢和小人之心怀疑真正的智慧——哈，这个宇宙、这些生灵真他妈好玩！

无始无明（生命的起点是没有的，这一根本无明也没有起始点）的这个“我”的意识只要存在，元首波旬和他的子民就有大展抱负的机会。

可是由于波旬和他的子民们对于宇宙生灵认清“无我之我”至关重要——没有他们的捣乱，自我的迷障就会一层层覆盖所有生灵的心智——所以佛教又承认佛菩萨是由魔来成全的，不磨不成佛。

当然对于还没有实力与波旬他们抗衡的生灵来说，他们是极端危险的。佛陀后来总结说：“当亲近善知识，莫近恶知识。”

欲界天魔的整个社会结构，“恶知识”三个字就包括了一切。众公民努力地将各时空的生灵“弃善向恶”，传播着糟糕的知识体系，毁坏着所有圣贤的正知正见。

当然有时候他们也会碰上大能力、大勇气的生灵，坏心办了好事，反而成全了对方。

投生到这欲界宇宙的这艘贼船上，喜见享受着和他化自在天一样水准的天堂级生活，为他配套的是宇宙能量超级转换的犯罪服务系统。这里的每个人都有和他化自在天神们一样的对生命意识的深刻知识和干扰能力，其超级能力绝不是我们人类的超级特工或者游侠所能相比的。

■ 妙转法轮　始具三宝

疑起宿命的喜见，在这里非但毫无自豪自傲的感觉，每天只有惭愧再惭愧，这种坏人善根的超级、完美的犯罪资源和能力，他看清了只有那些完全无惧因果业报的愚者，才恣意享用，毫不考虑未来将付出什么样的代价。

元首波旬听说自己的国民里居然出生了这么一个“异己”分子，不禁怒不可遏。他亲自下令运用各种办法来让他活得“和众人一样”。喜见在这里被贯以“异己分子”的罪名，饱受折磨和考验。

喜见就这样熬过了他在魔界漫长的一生。就像日后波旬不能打败佛陀一样，这一次波旬对喜见也是无可奈何。

在与波旬及其他同胞的斗智斗勇中，喜见被“成全”和锻炼出了远超欲界的禅定力量，所以他死后正式出离了欲界，升到以禅定力量形成、有形却无情欲的色界天。

我们终于陪着佛陀的前身——喜见菩萨经历完了他漫长坎坷的欲界轮回生命，我和亲爱的读者朋友一样，都觉得很有必要喘口气，先歇一歇。

后面的章节，我将论述色界宇宙及生命的形态。这一部分的内容对我们人类来说太过匪夷所思，请佛陀加持，请亲爱的读者展开想像力的翅膀，让我们共同来进行宇宙和生命之旅吧。

纯精神性的生命自由吗

色界宇宙是由远比欲界更精细的基本粒子（我们人类对此时至今日尚且所知甚少，只能笼统地称之为“暗物质”）构成。这一宇宙存在的生灵，在佛教中被看成是光的生命，他们也是纯能量态的身体，但比欲界还要纯粹和细微。

色界的所有公民都是靠禅来维持生命的，不像欲界，不论是人还是神都得靠食物来维持生命。

欲界主要的特性是色、声、香、味、触，都是人的感觉，直接连着物欲。不管是天也好人也好，都有这特性。佛教特别叫“欲界”的意思，是指这里以性爱为特征的生命。

欲界基本上是个雌雄异体的生命运作体系，色界则是雌雄同体的生命体系，在这个世界里，人人都具备互补互衡的男女性格，因此，他们不假外求，长住禅定内自平衡。

色界宇宙时空分四层，因为这里主要靠禅来维持生命，不饮水，不吃食品，所以称为四禅天。生灵们的智力、寿数是欲界无法相比的。按其板块国度划分，又分为色界十七重天。色界天神的寿命则是以劫来计算的：

初禅三天：
梵众天，寿命半中劫（约 11,280,000 万年）；
梵辅天，寿命 1 中劫（约 22,580,000 万年）；
大梵天，寿命 1 中劫半（约 33,860,000 万年）；
二禅三天：
少光天，寿命 2 大劫（约 903,200,000 万年）；
无量光天，寿命 4 大劫（约 1,806,400,000 万年）；
光音天，寿命 8 大劫（约 3,612,800,000 万年）；
三禅三天：
少劫天，寿命 16 大劫（约 7,225,600,000 万年）；
无量尽天，寿命 32 大劫（约 14,451,200,000 万年）；
遍尽天，寿命 64 大劫（约 28,902,400,000 万年）；

四禅九天：

无云天，寿命125大劫（约56,450,000,000万年）；

福生天，寿命250大劫（约112,900,000,000万年）；

广果天，寿命500大劫（约225,800,000,000万年）；

无想天，寿命500大劫（约225,800,000,000万年）；

无烦天，寿命1000大劫（约451,600,000,000万年）；

无热天，寿命2000大劫（约903,200,000,000万年）；

善见天，寿命4000大劫（约1,806,400,000,000万年）；

善现天，寿命8000大劫（约3,612,800,000,000万年）

色究竟天，寿命16000大劫（约7,225,600,000,000万年）。

佛经中说“欲界无禅”。我们人类一般所修行的禅是相当低的，无法和四禅天相比。因为欲界人们的欲望太多，真正禅的境界是无欲的。

一般而言，色界天人很少会来到欲界或是人间，他们不太管人间的事，因为人间对他们而言实在太狭窄、太臭秽了，他们受不了。我们觉得很香的东西，他们感觉已经是恶臭得不得了，何况这世间对我们人而言已是充满着脏乱！

所以色界天人常常安住于定境当中，身心恒定。

初禅的大梵天主，对娑婆宇宙贡献很大。他修有慈、悲、喜、舍四无量心，他的禅仍处在有觉有观的境界。甚至会到初禅和二禅的中间定：无觉有观的境界中，所以便生起大我慢，以为这世界是他所建立创造的，下面的众生都是他的子民，需要去爱护他们、管理他们。因为下层时空的生命无法了解上层，所以他也无法了解他之上仍有二禅，因此以自身为宇宙的第一人。

到二禅天的时候，娑婆宇宙生命形态在这里发生了根本性的进化改变。二禅天神们的整个神经传递系统产生了根本性的革命，此时不像我们欲界生灵，不管是物质肉体还是能量身躯，都还有中枢神经与外周神经系统的分立，他们是全体神经整个来感受，不需要分立，这时候他们的禅定境界叫做默然定。默然，也就是任何的语言系统在这里并不需要了。

为什么初禅天的大梵天主与我们人类还有那么强烈的关系？因为他和他的梵辅众公民们还有语言系统存在。二禅天以上的天神都是在禅定状态，很少有语言系统来与人类相对应。

娑婆宇宙的语言系统大概可分为外在、内在，外在是指用口出声，内在是自己心念的对话。我们讲话之前是不是要先跟自己沟通一下？但是在二禅以上，外在语言不需要了，连内在语言也不需要。

初禅天天神的禅在佛教叫做“有觉有观三摩地”。“觉”指的是外周神经，“观”是来自中枢神经。初禅到二禅之间有一个大梵天王的定境，叫做“无觉有观三摩地”。没有觉，也就是不必经过外周神经的作用，是从中枢神经产生力量。在二禅是觉、观都消灭，叫做默然定，二禅、三禅都是这样。

到了四禅产生了很大的变化，当人真正进入了四禅定的时候，整个世界都会变成类似透明的能量世界——就像色界宇宙一样。

在四禅天，由天神们的禅定力量构成的色界宇宙，全都是透明而没有任何东西，这时候的境界还有时间、空间吗？有，但这时宇宙的精神体性质很明显，而且此宇宙还有能量粒子的本质，只是粒子的旋转、相互作用等没有发生而已，均匀地遍布于时空中。所以当四禅天神于他的禅定中转而修行十遍一切处观时（一种禅定的修行法门），例如修蓝色的一切处观，当他坐观蓝色遍处一切时，在他的境界里整个色界宇宙都会变成蓝一色的净色。由于四禅的粒子是极细微的，所以佛教称为净色。因此，即使到了四禅，宇宙还是时、空、心识、能的组合，只是比较细微。

佛教对于物质和能量是怎么来区别的呢？在2500年前的印度，佛陀无法运用现代科学的名词体系来说明——那样的话，别的人没有人能听得懂。

佛教将物质现象称之为色法，色法里面有“可见可对色”，平常我们见到的都是属于可见可对色。还有“不可见可对色”，这好比是细菌，因为我们现在看不到细菌，但在显微镜下可以看到。这两种是我们人类目前比较了解的物质现象了。

还有一种是“不可见无对色”，这个比较麻烦了，大约勉强可以用“场”来形容一下。我们也可以将其认作是“能”。这个往下演化会引发出整个宇宙的物质现象，形成元素，形成佛教所说的地、水、火、风等四大。

对色界的宇宙和生命，我们现在有了一个大致的了解。我也不打算在这一部分就将我们地球人类的生命起源加以陈述，而是把他放到喜见在二禅天的生命历程中加以具体说明。以下，让我们看看喜见的亲身经历是什么样的感受。

初禅天的人长什么样

生在色界四重天国中的第一重天国——初禅天（由修得色界初禅相应定力者投生的天国）。身为初禅天的新人，喜见并没有闲着，成年不久他就到处找寻生死重症断根的办法何在。

几经探访，喜见很失望。原来这里只是透过深刻而有力的禅定力，使所有的欲念种子意识都潜藏了起来，要找到病根反而更加的不容易了。

色界初禅天的社会，把生灵们长幼尊卑的秩序进化到了最高境界。这里的天神，个个恒常浸润在禅定的喜悦中，禅定的喜悦就是他们的食物，如同我们人类的呼吸一样自然而然。在禅悦中，他们任何时候都在享用内外身心、各种感官的极其稳定的喜乐感觉。由于是禅定的力量所形成的身心，他们不再需要嘴巴和鼻子，尽管他们还是有能力随时变现使用。他们是用全身来和空间交换能量，理所当然不需要鼻子，又因为内在禅定的喜悦食物如泉涌般不断地得到，因此，长嘴巴当然是多余的。

色界初禅天的人怎么说话呢?

初禅天人仅仅只需用体表震动身体四周传递类似声波的能量波，就能发出类似高级音响效果、远沉而清晰的梵音，这是他们之所以不需要长嘴巴也能说话的原因。

他们没有人过为肚皮和嘴巴的一日三餐努力的日子，真是让人类羡慕极了！假如人类不必为了三餐而你争我夺，人类社会必然会因此而使战争消失，起码能和睦相处，就算看法相左也不致互相伤害，因为人人都衣食自足。

喜见每天在各个星球往返奔走，马不停蹄地四处寻访明师，尽管每天跑得很勤，但是治愈死亡被认为难度就像人类突破铜墙铁壁一般困难。

他碰到的每个师长都说，有形有高下的生灵们，最高生命境界就属初禅的大梵天天主的境界最高了。

可怜的喜见，几千亿年来，没有任何一个神、人可以告诉他解脱之路何在。

初禅天神们的寿命动辄以人间千亿年计，他们的一生见到无数下界生命生生死死不知凡几，根本就已经变得视若无睹。就像我们人类看到无数种类的昆虫死去活来不知凡几，早就没有感觉了。

初禅天神们内有长远寿命和禅定力量，外有纯净舒适、无处不放光的宇宙环境。这里不需要恒星来照明，每个天神和屋舍等一切万有无不放光，照亮自己也辉映其他天神和整个时空。

在这种动辄人间亿兆岁的生命里，随时随处无量光、无量寿，舒舒服服坐看下界死去活来，换成人类自己也会将生命视为永恒。

初禅天的天神们却不会像我们人类一样，可能由于活得太长久而痛苦不堪，因为他们个个深具定力而时刻感到身心由定力带来的稳定恒久的感觉，这种感觉是他们快乐的源泉。

另外就居住处所来看，这个时空里住在飘浮在太空中的居家宫殿和园苑，到处一派升平的景象，欲界里的那种扰动，在这里完全看不到。

当初禅天的公民天寿将尽时，他们的能量身体会散逸开来。若是往下界宇宙沦落的话，平时纯净恒定光明的宇宙这时就露出狰狞的面目，在死者面前打开通往另一个宇宙的时空隧道——欲界次元时空的航线开通了，死者无论有多强的禅定力量，这时都会不由自主地被吸了进去。

临终进入次元时空，和色界天公民们日常拜访，在本质上有区别。打个比方，色界公民平时或隐或显地拜访下界，就好像一个豪富日常路过乞丐群，还会居高临下地施舍几个钱；当他临终掉落下来时，就相当于这豪富有一天也终于沦落到乞丐群里一样。

喜见纵然是在这一般人神看来快乐无比的初禅天中，他依旧看出死神在这里的控制与自由。生命的终极解脱依然没有答案。

就这样，喜见以他特有的敏锐观察力，在追求终极解脱的过程中，达到了超过一般天神的禅定力量，在过完人类数以亿兆年计的初禅天寿后，投生到了二禅天中。

另一种地球人类起源的说法

从色界的第二重天开始，我们娑婆宇宙生灵的社会结构发生了根本性的变革，这里进化到了再也没有金字塔式的上下结构，是一个没有高下尊卑的平等天国，每个天神都凝缩成一团球形的能量光团。神灵们就在这个光团里具备了所有感官的功能。

二禅天，娑婆宇宙的生命形态在这里发生了根本性的进化改变。二禅天神们的整个神经传递系统产生了根本性的革命，此时不像我们欲界生灵，不管是物质肉体还是能量身躯，都还有中枢神经与外周神经系统的分立，他们是全体神经整个来感受，不需要分立，这时候他们的禅定境界叫做默然定。默然，也就是任何的语言系统在这里并不需要了。

在他们的球形能量身体中，可以说是通身是眼。

他能看也能听，能解也能觉知；不仅如此，举凡下界所能经验到的经验，他们都能以虚拟体验的方式取得经验，因此，他们活在下界次元时空生灵眼中隐显自如的色界自在天国里。

据后来佛陀在四部阿含经典中的开示，在娑婆宇宙生成的成劫之中，我们人类的祖先是来自这二禅天中的光音天国中，因为个个没大没小，所以个个生而平等。

光音天中某些过去福报已经享尽的天神，自然而然地从二禅天宇宙中消逝了，从色界和欲界宇宙的时空隧道里掉落到次元时空中。在色界和欲界天国中无福停留下来的天神，就会自然降落到生命初创、五光十色的地球来。

这时的二禅天神们受制于欲界的时空结构，他们的身体大大缩小，成了时而有头有脚，时而凝成一团的状态。当他们在地表醒过来时，就呈现有头有脚的差别状态，而当他们睡着或入定的时候，全身又凝缩成一个光团。

此时的地球表面是一个类似雨过天晴后的皎洁世界，无论刮风或者下雨，以至于全身赤裸躺卧在地表，都是极其舒适的；在这颗湿润而干净的液体星球上，诸神卧身其上，无不感到舒适至极。

有时嘴巴痒的时候，地球的水就是地表最初也是最好的食物。

对人类的初祖们来说，水的味道就像精酿的葡萄酒，令他们个个爱不释手；水在他们的能量身体中循环吸收，也就因此，人类开始有肥胖和昏沉、掉举等精神和身体上的问题。

有些人类初祖因为摄水过头，饮食过量而光明缩灭、禅定力退失，进而连最起码的飞行能力和远视、远闻的能力也消失了。

生命形态在宇宙中的轮回定律是：当恶性循环的生命形态结束以后，善性循环的生命形态就会现前。人类从人寿十几岁，愚痴得和畜生道生命没有任何区别的最糟糕的顶点开始，又向善性的生命形态进化了。人寿从十几岁、二十几岁开始，寿命逐步增长，智力渐渐增强，慢慢会使用工具，从旧石器时代到新石器时代，到人类社会、语言文字、文明一步步发展进化出来，到我们拥有科学技术的力量，人寿能够逐渐达到百岁左右。

再往后，我们人类对于生命本身的研究越来越深入，越来越微观，现在我们就有了基因知识，懂得纳米技术。将来，我们可以不依赖于自然的缓慢进化，而进行自我生命改造的尝试，通过代代人的努力，人类会越来越能够把握自身的生命，对质能的转换从原理到技术也研究得越来越透

■追杀千人　佛化无恼

彻，人类会将自身改造得越来越趋近于纯粹的能量态。

随着人类生命形态的进化和发展，我们的地球和宇宙也会相应的产生变化。这当然不是一一对应同步进行。但按照佛教的看法，承载生命的器世界是生灵们的共业所成，是由每一个生灵深刻的心识造就的（万法唯心造）。具体到我们的宇宙，就是由人类或者其他五道生灵的欲念造成的，所以被称为欲界。

当我们人类的寿命超出了百岁时，大家都享福享得稍微接近神灵了，已经很快乐了，没有人吃饱了没事干，去搞什么修行，去征服死亡。

只有在现在，人寿尚不足百岁的这个阶段，人类过着苦乐参半、难忍能忍的倒霉日子，是最能生起求解脱的愿望的时候，最适宜于学修佛法。

所以后来，喜见菩萨就在这个阶段来到我们人类当中，成了佛陀。

佛教说：佛法难得，人身难得，大约就是指的这一点。

在人类初祖的整个进化过程中，人类从色界宇宙二禅天光音天的众生平等的社会，退步成有高有下的社会，这是尊卑关系的最初由来。

话归原题，喜见在二禅天的生涯，他也还是再三求解战胜死亡的办法。

喜见在二禅天里，依然秉承着他一贯的、神界罕见的谦逊。这不能不说佛陀在他的前世就已经智慧超绝，也难怪在佛陀成道时，他精进的智慧是一切诸佛之中，最为殊胜而难与匹敌的。

佛教对此有个传说，说过去诸佛的前身——菩萨们在悲华众会时，每个前佛陀发愿都要在好时机里成佛，没有愿意在浊恶之世的生灵中成佛的——只有本师释迦文菩萨因地发了这种大悲愿力。

在悲华众会里，每个修行的大菩萨都一心趋向好时空、好人好国之际，当本师释迦文大菩萨发下救度五浊恶世的生灵之时，天地为之两次六返震动。

本师以这种不舍贫贱、不弃恶浊的精进悲智精神，让十方诸佛无不赞叹他在五浊恶世救度生灵的难行能行。

释迦牟尼佛后来说，在极乐宇宙里修行一百年，不如在娑婆宇宙的人间中修行一天。

但此时的喜见耗尽了二禅天的所有寿命，也没有求证出战胜死亡的答案。他死后投生到了更高的三禅天天国。

提供最高品质快乐的地方

三禅天国里进化出了娑婆宇宙中所有生灵最高品质的快乐享受。所有躁动的欢喜起落都已经消失，取而代之的是绵密不绝的快乐。这种纯粹、极致的快乐，在娑婆宇宙中再也找不到第二家了。

佛陀说：在世间所有的快乐之中，找不到比色界三禅天国更快乐的了！

佛陀用人类在盛夏时走入清凉的莲花池来譬喻三禅天国的公民所享受到的快乐。是的，三禅天国的快乐就像一个被晒得火热的人，步入莲花池后的清凉一般，通体舒适，没有不清凉快乐的地方。

一般三禅天的天神们无不沉醉在这种宇宙的大极乐中，他们球状的能量态身体每天体验着禅悦为食的境界，就这样悠悠忽忽度过天上数以千万亿年计的人间寿命。

但是对于像喜见这样的修行人来说，三禅天就是一个解脱生死轮回的绝佳环境。怎么说呢？

我们现在知道，生灵在痛苦中的身心不容易保持平衡，甚至根本上失去平衡。因此，大部分犯错的人，多半是在痛苦逼迫的仓皇中铸下大错，因为跻身在痛苦中的人们，很难静下心来思考抉择自己该怎么做。

因为如此，他们可能在仓促之中犯错而受苦，甚至更不幸的话，他们可能会进入恶性循环的生命形态之中。

身居禅定快乐至极的人，他们在没有丝毫身心痛苦逼迫的有利条件下，智慧深细而广大，如果他们以无所求、无所得的态度来面对这种享受，他们所拥有的条件是很容易解脱的。

所以，佛教认为，三禅天的定境是菩萨的禅定境界，对于成佛事业助益极大。

喜见就是在这样的环境中，本着自我提升生命的善根善愿，非但没有迷失在这极乐的温柔乡中，反而兢兢业业地精进修行。

就这样，他经历了比星系还长的寿命，死后投生到更高的四禅天天国。

连快乐也不需要了吗

过了三禅天，在娑婆宇宙中再也不存在快乐这么回事。说来让人难以置信，四禅天国的天神们是一群软硬不吃、苦乐俱舍，行于清净中道的大神。在佛教中，四禅第九天的神灵被佛陀称为“摩稀首罗”，意思是色究竟天国的神明。

所谓“色究竟”是指对于一切形象的运作得以究竟自在，想变什么样子，就能如愿变成什么样子，因此称为“色究竟”。

一般人、神总求离苦得乐，因为苦让人受逼迫而不舒服，而乐让人得以在其中养伤。离苦得乐是一般世间天神、人、畜……等生灵存活的最基本也是最迫切的需求；如果失去了这个理由，一般生灵是活不下去的。

然而在四禅天，大神们不仅降伏了痛苦，更降伏了快乐！为什么快乐要制止，要舍弃呢？

是的，对一般人来说，舍弃快乐确实是件很难想像的事情；不过，在我们觉得不可思议的事，有时竟是再简单不过。为什么呢？

如果你曾经因为拥有快乐而苦恼的经验，也许你就不会这么迫不及待地要去找寻快乐了。

快乐和痛苦是两个背道而驰的事物，怎么可能在坐拥快乐之际还有缠身而来的痛苦呢？

是的，对我们一般的人或者神来说，要成为苦乐的主人是件极其困难的事，甚至几乎是件不可能的事。因为我们碰到痛苦和快乐时，不用思索，本能就会选择快乐，成为享受的奴隶或是仆人。同样地，在我们碰到痛苦时，我们的表现跟奴隶或者仆人也毫无区别。

每当我们碰到痛苦时，我们就像个毫无选择权的奴隶一般！痛苦这位不请自来的主人，像一位绝不讲情理的暴君，毫不留情地将痛苦加在我们本已多病的身心上，我们似乎只有向他低头屈服的份。

每当我们碰到快乐的时候，我们就像一个穷怕了的乞丐，突然碰到给吃给喝的贵人，我们自始至终总是在恐惧担心这位贵人的离去。

生命轮回，生死不息的苦乐之轮，在四禅天的时候，我们的娑婆宇宙才正式进化到了离苦舍乐。这是生命的必然，也是善性循环的宇宙生灵进化的重要阶段。

苦乐是相对成立才出产的产品。具体到我们这些欲界的人类，我们只有在某种辛勤的苦过之后，才会感觉到真实的快乐。

没有吃苦这段前奏就马上享福，对他人来说，可能觉得真是享受啊；可对当事人来说，却是撇撇嘴说："真没劲！"

丰衣足食本身似乎是快乐的，但当我们更深入了解丰衣足食的背后，就会发觉，追求丰足就必须付出痛苦的代价，即使好不容易如愿以偿，也必须不断付出维护此基业的勤苦，最后若是遭内贼（如败家子或者自己的失算），或遭外贼（如水、火灾等）而失去既有的丰足，我们就会感到极大的痛苦。

在寻求丰足的过程中，由苦乐对比产生的落差而感觉快乐，难道这不是快乐吗？

当然这是一种快乐，但是佛教指明的是：这种快乐本质上是一种假象的快乐！

为什么呢？

■ 三昧定境　降伏火龙

假若这些快乐本质上是真正的快乐，那么就该像储蓄存折一样，数字总是存款而非罚款；然而寻求丰足的人生努力过程中，绝大多数时候却像是我们在提款缴罚单一样。

因此，没钱缴罚单的时候固然是苦，纵然有钱缴罚单也不是快乐的，因为两者都是惩罚的缘故。

然而，为什么我们会感觉到有钱缴罚单是一种快乐呢？而且似乎他就是一种感受上很真实的快乐呢？

是的，两种痛苦相比之下，如果落差够大，就像由大苦反衬小苦，小苦反而成为快乐一样，就像罚十万块改成罚十块钱，这种反差呈现出来的快乐是很巨大的。

然而，惩罚终究是惩罚，本质上不会变成奖赏。

由此可知，佛教对人生的观察和思考是多么的深刻和透辟！

所以，如果所有的生灵们生命进化的方向一直滞留在所谓的“趋乐避苦”上，这就意味着生命本身一直在自讨苦吃。

佛陀当年以宗教特有的极端方式向我们宣告真理：世间纯苦无乐。

他在初转法轮的时候推出：苦、集、灭、道四谛的时候，就是希望能够引导我们进入彻底消除苦因的正法修行，达到生命的真实超越。

在四禅天，和下界的次元时空相比，这里确实是达到了烦恼不再扬尘的效应。但这是建立在很高的禅定力量的基础之上的，一旦脱离了禅定这种稳定因素，从四禅天的稳定时空掉落下来，烦恼痛苦照样再度扬起。

这是本师在还是因地的喜见时，虽然处在看来似乎已经全然无病的时空环境中，却还是看出其中所隐含的傲慢烦恼的种子。提到众生平等，这里的众生确实是平等了，但这并不是真正的与下界生灵超然平等的佛陀智慧境界。

因此，这种以禅定降伏烦恼的天国里，所有的平等依旧只是表面上的。尽管如此，这种境界也是下界生灵所可望而不可即的。

喜见在四禅天国面对这种苦乐俱舍的有形生命最高级的状态，他还是恒常自问：真正超越一切二元对立矛盾的真实智慧何在呢？

喜见在四禅天以他精进不息的行动，后来得以到达这里的最高层：色究竟天国。

药师佛在什么地方成佛的

色究竟天国是凡圣共处的世界，居民中一般天人和菩萨都有。

这里住的菩萨，主要的任务是完成成佛过程中的报身修行。

佛的色身（有形有相的身体）分报身和化身两种，报身常住色究竟天。化身分殊胜化身和一般化身。

报身是经过福慧双修后得到的福报，是一切化身产生的源泉，只有登地见道以上菩萨才能看见。

喜见在这里，也听说了一位大菩萨了不起的修行历程，这鼓励着他努力地求索生命的解脱之道。

后来，佛陀谈起这段往事的时候，在《法华经药王菩萨本事品》中详细地叙述了出来：

喜见在色究竟天的时候，听说以前曾经有过一位特别爱好修习苦行的公民，名字叫一切众生喜见。当时，他的老师是日月净明德佛。在老师门下，经过一番艰苦的努力，他终于修成了一切色身三昧的功夫，成了菩萨。一切众生喜见菩萨得到这种三昧后，很喜欢用这种功夫表达他对老师日月净明德佛的无比敬意。所以他时时禅定进入三昧中，用三昧境中变化所得的各种光团、光圈、光环来供养佛陀。

这项工作他做了很久。有一天，他忽然生起了深深的感慨，觉得众人在色界中拥有如此美妙的身躯又有何用呢？尽管大家的寿命不算短，死亡来的时候，照样谁都无法避免，都得活活愁死。既然佛陀能够真正解决这个问题，何不舍去这具必然要朽坏的能量团，供养佛陀，为自己、也为其他人求一个能永远逃出死亡与愁苦的生命之道呢？

于是，他往来于天界、欲界各个时空，寻找和摄取各种各样的能量与物质，将自己的身体表面变化出能量反应、燃烧的一层。而后，一切众生喜见菩萨进入禅定，从自身发起三昧真火——他身体的基本粒子反应开始了，熊熊的、绚烂无比的光明照耀了无数的星系和世界。

日月净明德佛为他的行动和诚心而深深感动。

一切众生喜见菩萨在定中能量反应，从点火到他命终，整整过了天寿1200岁。而周围其他天神正常的死亡，前后只有5天时间，就会愁苦而死。

■ **药师佛**

又作药师如来、药师琉璃光王如来、大医王佛、医王善逝、十二愿王，为东方净琉璃世界之教主。

命终以后的一切众生喜见菩萨，又一次出生到色界。因为这里所有的人一出生就知道自己的前生。所以，不久他就来到日月净明德佛跟前，接着受教育，再修行。

有一天，日月净明德佛在世上教化的工作已经结束，他老人家就涅槃了。一切众生喜见菩萨把老师的能量舍利收集起来，为每一个舍利变化成一座光的宝塔。他深深地感慨人生无常、聚散无定。于是他再一次收集各个时空最好的能量和物质，而后再次入定，发起三昧真火，让躯体进行能量反应来供养老师日月净明德佛。

所有宇宙中的佛陀都诚挚地赞叹他。

因为前一次燃身供佛的功德，一切众生喜见菩萨此次的身体质量更好，远胜上一世。所以，这一次他供佛，在定中躯体放光整整天寿72000年。

一切众生喜见菩萨命终以后，转世出生在其他宇宙，做了药王菩萨。现在则在遥远的东方琉璃宇宙成了佛，他主持的佛国叫净琉璃，本人的名号叫药师琉璃光如来。

尽管如此，对大部分天神来说，日子是如此安稳、无苦无乐——除了那些要死的人——谁还那么在意这些事情?

而喜见则在精进努力的修行生涯后，得以转世出生在更高时空的宇宙中——无色界。

无形无相的宇宙存在吗

喜见下一世要去的无色界宇宙已经不再依赖能量或者物质的存在而存在了。生命在这里，也与外在的时空高度相合。或者说，这里的宇宙就是生命，生命就是宇宙——如果以我们人类的眼光来看的话。

换句话说，这里宇宙与生命的存在，是纯精神性的，时空与生命是高度同质的存在。

四禅天之上是四空定（四种依空而入的禅定）构建的宇宙：空无边处天、识无边处天、无所有处天、非想非非想处天。

这里的生灵的寿命之长，更是久远得超乎想像：

空无边处天，寿命 2 万大劫（约 9,032,000,000,000 万年）；

识无边处天，寿命 4 万大劫（约 18,064,000,000,000 万年）；

无所有处天，寿命 6 万大劫（约 27,096,000,000,000 万年）；

非想非非想处天，寿命 8 万大劫（约 36,128,000,000,000 万年）。

依四空定建立的这四种时空属于无色界，已经没有物质能量的存在，连最细微的也没有，只有心识和时空，也就是说，只有纯粹的精神、真空和时间。

空无边处天国，是娑婆宇宙整个物质、能量的全部消失，只有一片真空。所以，依这整个空间的存在来叫他空无边处天。

空无边处天向上一层的"时空"，准确来说只有"时"没有"空"，连真空或者说空间也不存在了，这就是识无边处天。他是过去、现在、未来时间相续不断的存在，只是时间这单一一维的存在，依此生灵的心识相续不断，所以，称这里为识无边处天。

再往上一层，连时间这一维也不存在了，"什么都没有了"，但是心识还在。为什么呢？因为感觉到什么都没有了还是有感觉的——生灵还"感觉到什么都没有"的感觉，这就是无所有处天。

再往上一层，到生灵们连感觉"什么都没有"的感觉也没有了，就进入了非想非非想处天。此处生命与"宇宙"的存在就只有微细的"这个"单一念头，也就进入了唯一的单一作用力，就定在那里。这就是无色界的最高"时空"，也是我们娑婆宇宙三界的最后一处。佛教为了说明对人类

■ 为众说法　建造精舍

来说这么难以想像的存在，只能勉强地用“非想非非想”这样一个并不简单直接的词来形容。

从非想非非想处天开始，就是我们娑婆宇宙产生和建立的过程。非想非非想的存在一旦发生“这个”单一念头的变化，就会首先产生时间，接着是空间，再接着是能量，而后是我们人类所了解的物质。

就这样，一个次元时空一个次元时空地往下演化，整个娑婆宇宙的时空和生命就衍化了开来。

对佛教来说，说明宇宙与生命“这样的知识”并不是他的立意所在。所以，对修行的人来说，这个“知识体系”还必须与修证紧密结合。

依修行来说，这是还灭的过程，是破的过程。从欲界的粗定，到色界的四禅，再到无色界的四空定，四禅八定就是依次从物质相、能量相、空间相、时间相、心识相破起，直到非想非非想处天的非想非非想处定，只剩下心识本身的单一存在。

如果连这一单一存在也破了呢？

那么你成佛了。

可非想非非想处天真的是往上一步，就能成佛了吗？

答案是：理论上再往上一步就能成佛，实际上这基本上办不到。

至于原因，让我们来看喜见求索的结果。

都“空”了的生命怎样活着

生到空无边处天国的喜见，生来就彻底超越了有形的对立，在生命与时空彻底同质的生涯里，这里的神灵们从无形的心识观照，能够以超越了有形有色的禅定能力了解时空与生命的缘起法则（依因缘和合而起立建成的规律）。

空无边处天的天神们依着缘起对待一切。对他们来说，一个山川河海、虚空大地可以随意造形，要让世界有形，世界就呈现有形，要让世界成为无形，世界就呈现像空无一物的透明真空一般，如此有无自如、来去自在的人生是不是极其有趣呢？

拥有这种能力的人，非但不会受制于那些有形的障碍因缘，也不会受困于无形可依的漫无规范、随心所欲而不欲，想要创造什么有形、无形的世界，总能如愿以偿。

拥有这样的能力，相信是许多生灵所能够想像的极致梦想。

虽然如此，喜见在空无边处天界里，还是没有忘记如此大能力是否在本质上超越了生死大病。

空无边处天神的寿命有2万大劫，这是个以人间90兆地球年计的寿命。

拥有广大神通的他们，见到次元时空的宇宙毁了又成，成了又毁，不知有多少次，而他们还存活着，这时神们理所当然地认为自己是个永恒的存在。

至于终日还在和阿修罗的战争中辛苦存活着的欲界神灵，他们所谓的永生简直就是在开玩笑。

但喜见了解到：这里仍然没有永生，在死亡现前的时候，大家的心识存在照样会终结。

喜见过完了寿命久远的空无边处天国生涯之后，凭着他修行的善根，投生到了识无边处天国。

“全知”似乎不全是好事

空无边处天是以无边的时空为生命的存在形式，而识无边处天，生命是以没有边际的心识活动而存在，这是一种一切有形俱泯、唯有心识的无边存在形式。

在娑婆宇宙中，这里的生灵是真正的全知者。

他们在无所不知的全知体验中，不再有任何苦乐可以动摇他们，也不再有任何问题能难得住他们，宇宙中一切的一切他们都胸有成竹、了如指掌。

这里的公民不像空无边处天的神们还得依着无形无对立的禅定力量起观才能达到“知道”——识无边处的神们的禅观，生来就已经超越了无形的束缚。

既是全知，这种生命还有什么可挑剔的呢？

识无边处天神们对无所有处天和非想非非想处天的存在是不了解的；他们的识至少还得受制于“无边”，存在心识与无形“无边”的摩擦；另外他们的全知对绝对的形而上，也并不知道。当他们生命终了时，生死的根本种子照样全盘爆发。

但在生命仍能以识无边处的禅定稳住时，无论如何，他们都是人类梦寐以求的生命存在形式。

对有形有色的生命来说，会因为有形而受制于有形、因为有色而受制于有色，但像识无边处天这种连形状都消失的天神和天国，会有什么有形的东西能障碍得了他们呢？他们的存活真所谓“来无影去无踪”了。

纵然像识无边处天这种已是全知、似乎已属全能的无色天神国度，依旧不能使喜见迷失，由这点看来，我们就不能不衷心赞叹佛陀在他的前身依然是这样的了不起。

后来，佛陀将长寿天国列为佛法的八大难处之一，其中的主因就是，这些天神们活得太久了，让他们个个误以为自己已经得到永生！

这是一个很严重的错觉，明明只是活得长，却误认为自己已得永生，仅只是这个错觉，就可能让他们堕落到万劫不复的恶性生命循环中。

喜见则在识无边处天死后，投生到更高层的天国——无所有处天。

真正一无所有的活法

在这真正一无所有的国度里，识无边处天神们的“无边之识”似乎成了一种包袱、一种累赘而被进化所抛弃掉了。

他们的生涯，就是活在“什么也没有”的永恒心识中。

当他们依着缘起法则而心识产生变化、类似识无边处天的神灵时，那么一个有形或者无形宇宙就会现前。

因为一无所有的状态，可以让这里的天神们说有就有，要无就无。

在这种有、无自在的天国里，这里的天神既不含糊无，更不稀罕有；这种有、无自在的能力，使这里不会再有任何有形或无形的概念了——这时有就是无，无就是有——没有哪个神会去区分什么“有”“无”。

他们终其一生活在永远恒定、宽坦无比的心境上，即便在一个物质时空的原子上住上了所有的这类天神，他们也不会有任何拥挤的感觉。

无所有处天的神有着6万大劫的寿命，那是一个几乎无法想像的长远日子。就生命存在本身来说，再惬意也不过如此了，这种生命进化的高层次里，除非他们自己生命终了，否则没有任何灾难可以伤害他们。

这种既没有生命灾害又没有时空灾害的国度，除了其中的居民自我警觉以外，否则这是个安全得无药可救的地方。

无量光和无量寿早已是他们所确认的事，既然一切无所有，那么生、老、病、死、忧、悲、恼、苦也没有，这样的存在里，谁还能不认为自己早已解脱了！

空无边处、识无边处，还是被时空和心识两种“无边处”所牵绊，而像无所有处天，既没有空和识的问题，更没有边的问题。

这种既无空、识的问题，又没有边际问题的大神们，谁还能让他们觉得自己有无明呢？

一切人类和天神们所能想像到的问题，碰到无所有处天神们的“无”字诀，就像是冰雪碰到了恒星之火一般溶化得无影无踪了。似乎看来他们已经达到了终级的解脱，其实是所有的问题都被无所有处的“无”禅定之

■ 竹林精舍　广收徒众

力封藏了起来，并非他们真正没问题。

一旦到了生命终了，他们“无”不了的时候，所有罩在“无”下面的问题都全爆发出来，轮回仍然无法避免。

在这无所有处天里，喜见以他令人难以想像的大智慧，牢牢看清“无”可救药的病症，越过了沦落的危险之坑，死后投生到无色界宇宙的最高天国。

万物起于此，也终于此

非想非非想天国是娑婆宇宙中所有生灵进化的最高终点站，在这个天国里，禅定的力量被发展到最顶峰，由此种力量生成的“宇宙”与生命已经只是一种单一的存在——心识本质的存在。

在8万大劫的无比长远寿命里，这里的天神们只存在于一件事、只注意一件事，那就是由无明（迷惘的本质）所造成的意识点。他是不动的，但仍存有，还有迷惘的本质，只是意识力不动，无明就在这里。

这其实是诱发一切的起点，若从修行的角度来看，这是无明最原始的品种。

他拥有出生和轮回万有的潜能，他能衍生出无穷无尽品种的无明病毒。因此可以说他就是生死的本质的存在之初始点。所以，他是万有的始点。

非想非非想处天虽然未出轮回生死的我执无明范畴，但是这已是轮回的终点站，再往外跨出一步就立即解脱生、死的苦牢了。

所以，他同时又是万有的终点。

对于未得佛的正见的生灵来说，投生到这三界之顶，简直是自找等死之路。在这完全不能思维的天国中，神们会在历经八万大劫近乎无尽的时光后，直到临死前的存在“破裂”，使禅定出现了裂痕，因此，想要仓皇补救，但为时已晚。

从非想非非想处天堕落的天神们，据佛陀讲，他们多半会和无记（不善也不恶）业明显的生灵一道，成为畜生道的一员。

在投生畜生道之后，搞不好恶性循环的生命轮回链条现前，再直接堕落到地狱受无边的剧苦，出地狱后再往上进化，也会像扛着大石爬险山一样吃力。

佛陀在谈起这一段生命经历后，说：

只要打破这里的无明，之后就会进入悟境，进入悟境之后才能够超出时空和轮回。但是在非想非非想处定中，心识定于一点，完全是定，但是不是思维的所谓“想”，因为已经没有办法再思维，也不是没有“想”，而是已经是单一的存在，此定会入定很久，而且是最根本的无明，所以在此境界中很难改变、突破而入开悟之境。所以要开悟的话，最好不要进入这个定，这个定根本没有办法开悟，无法产生智慧。

这就是娑婆宇宙最高存在、生命最高存在的最高定产生的最孤寂的结果。

喜见在非想非非想处天的生命自然也只能是无果而终。

但大乘佛教并不承认释迦牟尼佛是在我们人类当中“才”成佛的，而说他是在无限久远以前就成佛了。之所以又变成了“喜见”再一道一道地轮回，是因为释迦佛乘愿再来，特意要和我们娑婆宇宙的生灵们结成眷属，好成就他的娑婆净土。

如此一来，本师的这个“轮回”过程我们称他为喜见、喜见菩萨、喜见佛似乎都可以。

那么本师在完成这个过程以后，他自然是要回到兜率天的内院做最后身菩萨（作为菩萨的最后一世），为下生到人类社会成为佛陀做好准备了。

此时，他是释迦文菩萨。

■ 月下说法　布金祇园

释迦文菩萨的个人打算

释迦牟尼佛未成佛之前，为最后身菩萨，居住在兜率天宫，当他要从天上降生人间时，首先做了四种观察：时机、土地、种族、生处。

首先观察时机，什么时候人间适合佛陀诞生呢？在佛法中以“劫”来表示时间单位，一增劫和一减劫称为一小劫。增劫是生命善性循环的进化，指人寿从十岁起，每过百年增加一岁，一直到人寿八万四千岁。接着就是生命恶性循环的进化，每过一百年减少一岁，一直到人寿只有十岁，这段期间是减劫，这是一个大概的说法。但宇宙并不是这么固定的变化，这是以一个简单的规则来观察的大变化，所以会有出入，但整体而言的趋向是如此。

寿命多长的生灵适合修行呢？如果人寿8000岁，大概没什么人想修行，因为活得太长了，不易感受到生死的无常，以为时间多得很。只能活十岁的寿命，也非修行的好时机，好不容易有听闻佛法的机会，要修时已经来不及了。当释迦文菩萨要下生时，当时人类寿命大概不到一百岁，很容易感受到生命的无常，也还有时间修行，是很恰当的时机。

接着要观察国家，在2500多年前，有两个地方的精神文明已经有了高度的发展，一个是印度，一个是中国。当时的中国和印度相较之下，又显得太重视现实了，对宇宙外在、生命形态等等不感兴趣。而且印度文明已经建立了一套梵我的思想，把一个无明、无常的世间建立了一个完整的架构，还有很实际的修法。观察到人类渴望无限自由的需求，于是建立了“梵”的观念。在时间上，相对于人渴求相续无尽，建立“常”的观念。在空间上，人希望不断地扩张，所以建立了“我”的概念。为了满足人类这三个需求，而建立了“梵我合一”的修法，把人类从无明中所产生的强烈动力，建构成一个完整的体系。

这时，佛陀如果诞生于此地，刚好可以把这个架构打破，当时的修行人在平时的修持基础上，已具有相当程度的智慧和定力，如果在根本的见地上一扭转过来，往往就能证入圣者之流。

如果佛陀当初投生在西藏阿里山的话，可能只能跟猴子讲话，和他们说佛法他们也不懂，也没有机缘。如果投生在非洲还有一点意思，当时的非洲文明比美国还高，美国在那时是属于比较蛮荒的地方，今天当然不可同日而语，这就是无常。在蛮荒地区的众生，他们的生活只是为了单纯的目的——生存，无法更深入探索生命更向上一层的目的，所以也非宣扬佛法的适当之处。

地方决定之后，接着要观察种姓。当时的印度人分为四个阶级：婆罗门、刹帝利、吠舍、首陀罗。因为雅利安民族非常敬神，常举行祭祀，并有许多繁琐的仪式，于是产生了以祭司为专业的僧侣婆罗门；刹帝利是指执掌国家政治、军事的士族；农、工、商等平民百姓称为吠舍；被征服的荼卢异族受人轻贱，从事卑下的职业，称为首陀罗。

如果要具备宣扬佛法的力量，投生于吠舍、首陀罗两个种姓是不适合的，阻力太大了。婆罗门阶级虽然有很高的社会地位，但宗教的包袱太大了，如果出生于婆罗门，佛陀就必须为此种姓的利益来说法，若宣说不同的义理，所遭到的压力也是很大的。最后，他选择了刹帝利阶级，因为刹帝利族受人崇敬，拥有独立的军事、政治力量，而且比较没有宗教包袱。

种姓决定之后，再观察生处，什么样的父母具备生育菩萨的福德呢？

在《大方广大庄严经》卷一中如是说：

其王之圣后　千妃中第一
端正无逾匹　故号为摩耶
容貌过天女　支节皆相称
天人阿修罗　观之无厌足
清净离诸过　而无秽欲心
言词甚微妙　质直复柔软
身体常香洁　一切无可恶
含笑不频蹙　知法具惭愧
无傲慢谄曲　及以嫉妒心
离邪净诸业　行慈好惠施
世间女人过　其身悉超越
一切诸天人　无有能匹者
具足诸功德　宜应怀大圣
曾于五百生　恒为菩萨母

其王亦如是　多生以为父
母请持禁戒　经三十二月
梵行积威德　其身常光明
圣后所游履　斯处自严饰
天人阿修罗　无能欲心视
一切咸亲敬　如母如姊妹
以此清净业　威仪比圣贤
令王擅名誉　悉散咸归伏
功德两相称　是为菩萨母
更无诸女人　堪为佛母者

经文中所赞叹的就是释迦族的净饭王及其王妃摩耶夫人。释迦文菩萨如此观察之后，就从兜率天降神投胎。其中有一个重点要注意，在投胎的过程中，他“不失正慧”。一般的生灵投胎时，都是以染垢之心投胎，与一切邪慧相应，也就是和歪邪、扭曲的智慧相应，和分别心相应。菩萨不同，因为其正念不失，所以整个过程他都很清楚明白、自主地入胎、住胎，乃至出胎，三事清楚。一般人如果能三事清楚，自然会发起宿命通。

菩萨从初入胎到整个住胎期间，出胎的过程，完全正慧不失，清楚明白；而一般人入胎时以染垢心入胎，见到父母交和，如果贪爱父亲的，则生为女身，如果贪爱母亲的，则生为男身。

释迦牟尼佛在其最后身菩萨，要从兜率天降生时就示现瑞相：菩萨的母亲摩耶夫人当时正持守八斋戒，在床上躺着休息时，忽然做了一个奇怪的梦。

她梦见四大天王将她睡着的卧床整个抬起，来到雪山上的大平原，名为“悦意石”，平原上有一株大娑罗树，四大天王将王妃安置在树荫下，由天王的妃子们为其在阿耨达池沐浴更衣，除去人间的垢秽，并以天花庄严其身。又在附近白银山中的黄金宫殿中，朝东铺好天人的卧床，请摩耶夫人卧在床上。

接着，她看见一只洁白的六牙巨象从黄金山上走到白银山来，他银色的鼻子上还执着一枝白莲花，高吼一声，进入黄金殿后，在摩耶夫人的卧床右绕三匝，从她的右胁钻进去，安住在胎内。

这个瑞相，是不是说佛陀是六牙巨象投胎的呢？不是的，示现六牙巨象的瑞相，是因应当时印度人的思维。所以佛陀的父亲净饭王请婆罗门解梦，婆罗门就告诉他：这是王后怀孕的瑞相，而且怀的是个男孩。这个孩子将来如果在家过世间人的生活，将会成为转轮圣王；如果出家修行，将会是成为引导世间生灵觉悟的佛陀。

在怀孕时，摩耶夫人的身体产生了奇妙的变化：她的身体外形看起来虽然和原来没什么两样，但实际上已经超过所有的世间，已等同时空，能完全容纳十方菩萨受生的种种庄严宫殿。当菩萨从兜率天宫将要降下神识时，有十佛刹微尘数的菩萨，都与菩萨发起相同的大愿、相同的行持、相同的善根、相同的庄严、同样的解脱、同样的智慧，同样的地、诸力、法身、色身，乃至普贤菩萨的神通、行愿，皆完全一样，无二无别。这样的菩萨前后围绕，又有八万龙王等，一切的世间主都乘坐他们的宫殿前来供养佛。菩萨这时以神通力，与诸位菩萨示现所有的兜率天宫，每一宫中都示现十方世界的影像，以方便度化无量的生灵，使诸位菩萨都能远离种种懈怠，无所执著。又以神力放出大光明，普照世间，破除种种的黑暗，灭除种种苦恼，使生灵都能明白、辨识宿世所有的业行，永远出离恶道。

菩萨为了救护众生，就普遍示现在他们面前，做种种神通变化，示现这种种奇特的事。一切的菩萨与眷属都进入摩耶夫人的身中，在她的肚子里游行自在，有时以三千大千世界为一步，念念之中，又有十方不可说世界的如来处的与会菩萨，以及四大天王、三十三天，乃至色界的诸位梵天王，为了看看菩萨处胎的神通变化，都前来恭敬地供养，听闻受持正法，于是也都进入摩耶夫人的身中。

他们虽然都在她的肚子里，奇怪的是，夫人的肚子却能完全容受这广大的神众，身体虽没有变得更广大，却也不会觉得很狭窄。

佛陀成道的事迹

佛陀降生后，有一天，他发现整个生命的问题，不外乎就是：

在老、病、死的严密控制下，生命毫无意义。

为了救治他所珍爱的妻与子、家与国，他很清晰地明白，如果他不能使自己的生命实现超越，根本拔除这三苦的话，他是绝对无法有效救治和他恩爱相处、难分难舍的亲属们的。

特别是他早年过世的母亲和已经年迈的父亲，不由他来救治，又该由该来救治呢？

尤其是和他情深义重的妻子——在轮回中像陀螺般打转的——耶输陀罗的恩爱之亲，让他无法坐视自己年轻貌美的妻子，毫无办法地变老，衰病，终至死亡。

因此他下定决心，趁着自己年轻如明月般的智慧光明，以及山岳般牢固的道心，独自一人夜遁莽林，苦心修道。

希望由他的努力，可以救度他的妻子、家国以至于他所能照顾所及的任何地方。

为了达到这个崇高的目的，他必须心无旁骛，于是他隔绝对于亲近的挂念，如同面对黎明前的黑暗。

于是他历经六年艰苦卓绝的努力，终于揭开了生命的根本黑幕——我执的无明。

由于我执无明的爱染，使得这个世界里的生灵，最终处在了生死轮回的大苦海中。

佛陀不仅发现了这个生死之根，并且坚决地斩断了这个病根，他在35岁的盛年就成就了。无明对他而言，就像一棵已经截断主根的大毒树一般，枝叶渐次凋零。

这种源自无上正等正觉的智慧，使他的大悲心有能力救度他的妻子、家国以至于与他有缘的所有生灵，永远解脱。

佛陀的祖国为什么会灭亡

可是我们地球是处在善与恶、光明与黑暗的世界。伟大的佛陀曾受异教徒的迫害及提婆达多的反叛。最后虽然异教徒显出其笨拙和愚昧，提婆达多自取灭亡活生生陷入地狱，但人间却不会因此而相安无事。佛陀早就预知到自己祖国的命运，生在人间的佛陀，仍是心爱着祖国的。他的祖国覆亡的现世因果是这样的：

早在乔萨弥罗国的波斯匿王还没有皈依佛陀之前，曾向释迦族求婚，释迦族因雅利安种族的优越感，很不愿把本族的女子嫁给别族的人，但又慑于乔萨弥罗国的强大实力而不敢拒绝。当时王族中的摩诃那摩（后来继净饭王接掌国政的就是他）自告奋勇地说道："我们迦毗罗卫国的国力难与乔萨弥罗国为敌。我倒想出一个妙计来了，我家有个婢女名叫末利，虽是贱族人，却长得十分美丽，我们就骗波斯匿王说，她是我的女儿，把她嫁过去算了。"

就这样，这名女奴成了波斯匿王的宠妃，人人夸奖她是第一美人。

不久，末利夫人生下一个男孩，叫做琉璃太子。琉璃太子八岁的时候，奉父王之命到迦毗罗卫国来学习射箭技术。那时候，正是佛陀被迎回国说法的前夕，迦毗罗卫城特地新建一座讲堂供佛陀说法，这座讲堂被视为神圣庄严的所在，不许闲杂人等进出。

八岁的琉璃太子看到如此庄严堂皇的讲堂，一时好奇走了进去，却被释迦族人见到，认为奴婢所生的孩子亵渎了圣地，即刻命人把琉璃太子足迹踩过的地方挖掘七尺，重换净土。

虽然只是八岁的孩童，也知道这是莫大的侮辱。琉璃太子咬牙切齿地发誓说："等我登上王位，一定要灭了迦毗罗卫国，消灭释迦族。"

佛陀回国以后，知道了这件事，更是忧心忡忡慨叹不已。

琉璃终于长大成人，等不及父王让位就篡夺了王位，年迈的波斯匿王出奔到迦毗罗卫国，不久就病死在那里，释迦族人顾念旧情，以王者之礼予以厚葬。

琉璃太子登上王位后，积极准备，一心想要讨伐迦毗罗卫国。

佛陀知道共业的果报机缘即将成熟，但为了拯救祖国，他只有尽力而为了。佛陀独自一人在琉璃王军队必经之路的旁边，选了一株枯树，就在枯树下坐禅等待。

琉璃王率领大军，浩浩荡荡地开来，已经走到佛陀附近，他本来对释迦族的人切齿痛恨，但因佛陀是已成正觉的智者，是人人尊敬的众生之父，因此不得不勉强下马，趋前问讯道：“佛陀，那边有很多枝叶繁茂的大树，您为什么偏偏坐在这棵枯树下让太阳晒呢？”

佛陀神色庄严地说道：“不错，那些枝叶繁茂的树下可以遮阴，但是，亲族之荫更胜于树荫。”

佛陀的意思是指亲族之间都会自相残杀，还谈什么其他呢？

虽然是暴戾的琉璃王，听了佛陀的比喻，居然也受到感动，心想：过去两国交战，只要遇到出家的比丘，就会收兵，何况我今天见过佛陀，又听到这沉痛的比喻，还是暂时收兵回国吧。

佛陀见到琉璃王率军返国，于是慢慢站起身来，没有兴奋，只是抬头仰望天空，佛陀知道因果循环，乃是宇宙间的自然法则。于是默默地走了回去。

琉璃王回国以后，想想还是不甘心，又再次率军来犯。不料，又在半途遇见佛陀，如此共有三次，到第四次出兵时，佛陀知道释迦族的共业果报终难避免，无法挽回，对祖国人民不知追悔觉悟，虽深表惋惜同情，但已爱莫能助。

佛陀忧形于色地对阿难说道：“释迦族在七天之内将遭遇厄运。”佛陀进一步对阿难讲起了释迦族和琉璃王久远劫以前的因果恩怨：“阿难啊，久远劫以前我们释迦族人是同一个渔村的渔民，而琉璃王和他的军队是邻村大河里同族的鱼。当年，释迦族人用渔具打尽了这族鱼群后煎炸烹煮，加以吞食。那个时候，琉璃王和他的鱼族受到如此剧苦，他们当时发下毒誓，后世一定要讨还灭族之恨。那个时候，阿难你和如今出家的释迦族众王子们都出外不在；而我当时是一孩童，并未食鱼，只是看到诸鱼挣扎，觉得有趣，因此失声发笑。阿难啊，如今果报现前，你和出外的诸王子躲过了此劫；失声发笑的我，也必有头痛之报。”

摩诃目犍连是佛陀弟子中具神通的人，他曾请示佛陀，能否拯救释迦族的厄运，佛陀告诉他：宿世罪业的果报，没有人可以代受。可是，目犍连助人心切，仍想以神通之能力营救他们，他用钵盛装五百个释迦族人，从天空中出来，出城一看，五百人全都化为血水。至此才觉悟到佛陀所说的因果报应的法则是无法违背的，神通依然敌不过业力。

琉璃王的大军把迦毗罗卫城团团围住，摩诃那摩王召集群臣计划，有的主张誓死抵抗，有的认为与其使生灵涂炭，不如开城投降，议论纷纷，莫衷一是。

国都被围，外无支援，琉璃王的军队开始攻城，士兵们死难临头，而且存粮即将告尽。在最危险的时候，曾经有一个释迦族的十五岁的少年神射手迎战敌人。他差一点射死了琉璃王。但他的勇敢行为并没有得到积极的肯定，反而大部分人认为他这样干更会激怒琉璃王，且有违善业云云，最后此少年不得已只能出城逃离。于是摩诃那摩王下令开城投降，他对琉璃王要求道："你我两国谊属姻亲，名义上我总是你的外祖父，我实在不忍见到无辜的人民被杀，我要求你答应我一件事。"

"什么要求？你倒说说看。"琉璃王盛气凌人地说。

"你不是要杀释迦族人泄愤吗！可是城里的几万百姓一下子也杀不完。我请求你让我潜到水底去，在我升出水面以后，没有来得及逃的，就任凭你杀戮，如何？"

年轻的琉璃王，认为这个办法倒很有趣，就不假思索地答应了。当摩诃那摩潜入水中的时候，琉璃王就下令准许城内的百姓逃离。一时，城里的人扶老携幼，没命地仓皇逃跑，哭泣呼号，那种情景真是惨不忍睹，残暴的琉璃王居然引以为乐。当城内的几万百姓已经逃得剩下没有几个人时，琉璃王才觉察到时间过了这么久，怎么摩诃那摩还不浮出水面来？他命人潜水下去察看，不多久，潜水的人感动得泪流满面地禀告说："我在水底发现摩诃那摩王把自己的头发缚在树根上，他永远不会浮上来了！"

摩诃那摩为了拯救族人而牺牲了自己，就连生性凶残的琉璃王也为之黯然良久。

琉璃王占领迦毗罗卫国后，益发骄狂，甚至谋害了他的长兄祇陀太子。最后，他还是免不了受到业报，他的宫殿被火所焚，他和自己的爱妃被活活烧死。

此后，迦毗罗卫国和乔萨弥罗国的国土，都归入摩竭陀国的版图。摩竭陀国的国君阿奢世王，自从皈依佛陀后，确实能施行仁政，爱护百姓。

佛陀最后为我们说了些什么

无常本来是世间的实相，生灭是自然的道理。

佛陀顺着法性进入涅槃，这是法的自然表现。

佛陀在他的应身年龄到了八十岁的时候，带着阿难行化到遮婆罗塔，许多比丘也都聚会到这里，佛陀对大家说：

诸比丘！今天在这里和你们相遇很好。我告诉你们，自从我成道证得正觉以来，爱护比丘及一切弟子，教化大众，赐福给大众，把欢喜布施给人，以慈悲对待一切众生。我说法度生，没有想到过辛苦和休息。

我要讲的，对你们都已讲过，我没有想你们弟子是我的，众生是我的，我可以命令大家，我不过是你们当中的一个，常常和你们大家在一起。我要讲的都讲了，佛陀没有秘密，我不会给人压迫，要人来服从我。你们要知道，所有的佛都是不摄众（控制大众）的。

我应身的年龄老了，旧的车子要坏，用修理来保养，不是永久的办法。我在三个月后，于拘尸那迦罗城的娑罗双树间将依着法性进入涅槃，获得无上的安稳，我会永久的照顾你们，照顾一切众生。

佛陀涅槃的确实日期一发表，弟子们大惊，在弟子们的心中，顿觉日月无光，天地旋转起来。佛陀又说：

你们不要伤心，天地万物，有生就是无常之相，无论怎样逃不了这个定律。我过去不是向你们说过吗？所爱的必定有散失的时候，会合必有分离的时候，人间精神与物质所合的身体，既是无常的，就不能如人们所想的自由。肉体的生命不能永久长存。我不是常这样说吗？

要佛陀的应身永久住于世间，这是违背法性的自然规则。我是宇宙真理的示现者，我当然不能违背法性的自然规则。你们假若要我永久住于世间，而你们却不依着我所指示的教法而行，就算我活了千千万万岁，又有什么用呢？你们若能依我的教法而行，就等于我永久活在你们的心中，我的法身慧命，会遍于一切处和你们及未来的众生共在一起。

二月十五日夜，西山上高悬着一轮满月。佛陀进入拘尸那迦罗城。他吩咐阿难在娑罗双树间敷座设床，头朝北面朝西。

佛陀看看时间要到，他慈祥地对诸比丘和皈依的弟子们做最后的叮咛：

■ 请佛还国　度化父母

诸弟子！你们不要悲哀，我在世上就是把肉体的生命活上数千万年，和你们共同在一起，但有会合就有别离，这是不变的道理。

我要度的众生皆已度尽，还未度的众生，皆已作了得度的因缘。现在已没有让肉体继续存在的必要，你们随顺我的教法而行，就是我佛陀的法身常在之处！

佛陀度化了他的最后一个人类弟子须跋陀罗。然后，他保持狮子卧的姿势趣入了涅槃。

无死亦无生的生命本质

我们大家陪伴着喜见、释迦文菩萨、释迦牟尼佛度过了生命的生死历程。

从佛陀发愿化作喜见光临娑婆宇宙开始，直到他又回到我们人类当中再一次示现成佛，教化 49 年，80 岁离开人世，我愿意将这样一个伟大的圣者，以生和死两种方式的交替出现将他再现出来。

对佛陀来说，其实从始至终都没有生或者死这样一回事；但生死对我们却有着无与伦比的重要意义。

所以，他愿意再来，用这种方式亲近我们，度化我们。

那么，我们呢？

我游走于经论中，搜集和编写着佛教宇宙观和生命观的资料，有一天晚上，心头忽然闪出一偈，在这里与朋友们共享，并作为本篇的结尾：

无生即无死，无死焉有生？
生死两不论，疾入狮子智。

下篇

彼岸

人之有志 如树之有根
立定此志 须念念谦虚 尘尘方便
自然感天动地 造福由我

——明·袁了凡

事物的真相

佛陀早在菩提树下目睹明星而悟道时，就彻悟了“缘起性空，性空缘起”的真理。

佛陀这样教诲他的弟子：从缘起法则来看，这个世界上的一切都是有缘才出现的，所以，其本来是不存在差别的，如果感到有差别，那是我们的偏见。

虚空本来是没有东和西的区别的，我们规定出来东和西的区别，执拗地强调东和西。

数字本来是从一到无限数，每一个数字都是一个完整的数目，在数量上并无多与少之分，而我们出自私欲，规定了多少之分。

本来是既无生也无灭，而我们却认为生死有别。这都是我们的偏见。

我们根据自己的想法，执着于财富、执着于金钱、执着于名誉、执着于生命。

我们拘泥于有无、善恶、正邪和一切事物，从而加深了生命的迷惑，带来了痛苦和烦恼。

佛陀进一步举例说：有一个人在进行长途旅行，路上见到了一条大河。他觉得大河这边有危险，大河彼岸似乎是安宁的。于是他做了个木筏，乘了木筏安然地到达了彼岸。他认为：“这个木筏使我安然地渡过了大河，帮了我的大忙，所以不能把它丢掉，要把它背在身上，带到目的地去。”

那么，这个人对木筏做了他应做的事吗？不能这么说。

这个比喻说明：“即使是正确的事情也不应执着，应该把它丢开。何况不正确的事物，更应该把它丢开。”

佛陀超脱了一般思维。佛陀超脱了差别心，认为世界犹如空中的浮云和幻觉，舍和取都是空，这就是性空。

佛陀说：“一切事物都离开了有无的范畴，都是非有、非无、无生、无灭。”也就是说，一切事物都是由因缘构成的，事物本身的本性并没有实体性，所以说是“非有”；因为是由因缘构成的，所以说是“非无”。

所谓觉悟就是懂得这个真实的道理，摆脱一切妄念。

如果认为，由于因缘而出现的事物，能够永久地原封不动地存在下

■亲为法眷　罗睺出家

去，那就是“常见”，是错误的观点。如果认为它会完全消失，那就是“断见”，也是错误的观点。

这些“断、常、有、无”并不是事物本身的形态，而是由于人的执着才产生的。而一切事物本来是超越这种执着的形态的。

物体都是由缘而产生的，所以都在变迁，并不是具有实体和永远不变的。因为有变迁，所以像幻觉，然而其本身在存在时又是真实的。

人类看到江河就认为是江河，而把水看成是火海与毒焰的饿鬼，就不认为是江河。所以有水的江河对饿鬼来说，不能说“有”，而对人来说不能说“没有”。

同样的道理，一切物体都不能说“有”，也不能说“没有”，是同幻觉一样的。

然而，除了这种幻觉般的世界以外，既不存在真实的世界，也不存在永远不变的世界，所以把这个世界看成虚假的东西是错误的，把它看成真实的世界也是错误的。

空是平等如一的

据载，佛陀悟道不久，有一天他坐在灵山冥思，突然有一闪光的天神来到他的脚下，在那里放上了一朵金色的花，并请求佛陀说几句话，讲出空性的秘密。

佛陀将花收下，拿到手中，非常平静地坐在那里，却一声不吭。周围的人不明白他的沉默意味着什么。

过了好长一段时间，须菩提不声不响地微笑了。佛陀轻轻地说："我的心中藏着佛法，也就是关于空性的那些奇妙的知识，我用无言的形式传给了须菩提，他又以无言的形式接受并理解了它。"

这真谛，正是空性的秘密。

空性的秘密是什么？什么是空？

事物是平等的，不存在差别，这就是"空"。事物本身的本质是没有实体的，既无所谓生，也无所谓灭，这是无法用语言来表达的，所以称之为"空"。

一切事物都是相互联系而成立，相互依存而存在的，不可能单独成立。

就同光和影、长和短、白和黑一样，它的本质是不可能单独成立的，所以称之为无自性。

悟不是存在于迷之外，迷不是存在于悟之外。这两者并不相异。事物并不存在两种相反的形态。

佛陀指出：我们总是看到事物的产生和消亡，但本来不存在"产生"的问题的，所以也就不存在"消亡"。

有了观察事物真相的眼光，就会懂得事物不存在生和灭，并认识到这两者并不是相异的这个真理。

我们总认为存在着"我"，所以执着于"我所"这一概念。但本来"我"是不存在的，所以就不可能有"我所"这个概念。懂得了不存在"我"和"我所"这个道理，就会懂得"我"并非异物这个真理。

我们总认为存在着清净和污浊，拘泥于两者的区别。但事物本身是不存在清净和污浊之别的，清净和污浊只不过是我们心灵的造作。

我们总认为善和恶是不同的存在，拘泥于善恶的区别。但事物并不存在单独的善，也不存在单独的恶，觉悟的人懂得善恶并不相异这个真理。

我们恐惧不幸而指望幸福。但如果用真实的智慧来观察这两者，就会懂得，不幸的状况本身就会变成幸福。因此，懂得了不幸就是幸福，就会懂得，并不存在什么缠绕身心、束缚自由的迷惑，也不存在什么真正的自由。这样，我们就领悟了真理。

我们常说有和无、迷和悟、实和虚、正和邪，但并不是存在着两种相反的东西，其真相是无法说明、无法表达、也无法认识的。所以我们要摆脱这些语言和作为。当我们摆脱了这些语言和作为之后，就能懂得真正的“空”。

为了方便大众理解，佛陀打比喻说：莲花不是生长在清净的高原和陆地，却开放在污浊的泥潭中。同样的道理，觉悟并不是存在于迷境之外，正因为存在着错误观点和迷惑，所以才产生觉悟的种子。

只有冒着种种危险，深入海底，才能获得无价之宝。同样的道理，只有进入迷惑的泥海，才能获得觉悟的宝藏。执着的人因为背着大山般的“我”，所以才会产生求道之心，也才会有觉悟。

佛陀使我们懂得一个真理：要超脱相反的两者，懂得这两者并不是异物。如果在两个对立物当中，执着于其中之一，即使执着的是善或正，那也是错误的。

如果我们拘泥于万物均变迁这一观点，也会导致错误的观点；如果我们拘泥于万物均不变这一观点，当然也是错误的。如果我们执着于“我”，那是错误的，就一刻也不能摆脱痛苦；如果我们执着于“无我”，也是错误的，即使修道，也不会取得效果。

如果我们认为一切都只有痛苦，那是错误的；如果认为一切都只有欢乐也是错误的。佛陀教导我们要坚持中道，要摆脱这两种片面性。

心的构造

佛陀的教法，不是非此即彼的对立主义，他说：不要片面地认识迷惑和觉悟，迷惑和觉悟都是心灵的表现，一切事物都是心灵的创造。就同幻术师自由自在地变出各种东西一样。

人的心灵的变化是无限的，心灵的活动也是无限的。从肮脏的心灵中产生出肮脏的世界，从纯洁的心灵中产生出清净的世界，所以外界的变化也是无限的。

绘画是由画家画出的，外界是由心灵创造的。佛陀创造的世界，是脱离了烦恼的清净世界，所以他解脱了一切烦恼。

心灵同高超的画家一样，能描绘出各种各样的世界，在这个世界上，心灵能够创造出一切。同心灵一样，佛陀也是如此；同佛陀一样，人也是如此。因此，从能够描绘出一切东西这一点来说，心、佛陀、人这三者之间并无差别。

佛陀悟道以后，说："妙哉，妙哉，心、佛、众生无二无别！"

任何事物从心灵产生时，佛陀都是一清二楚的。因此谁懂得了这一点，他就是见到了真正的佛陀。

可是，这个心灵总是处在恐惧、悲伤和烦恼之中。对已经发生的事情感到恐惧，也对尚未发生的事情感到恐惧，因为我们的心灵中存在着无明的执着。

从这种贪欲的心灵中产生出迷惑。归根结底迷惑的种种因缘也都存在于这个心灵之中。

生与死只能从心灵产生，因此与迷惑的生死密切相关的心灵一旦消亡，迷惑的生死也就穷尽。

迷惑的世界是由心灵产生的，人们再用迷惑的心灵去观察这个世界，所以这个世界就成了迷惑的世界。如果懂得离开了迷惑的心灵就不存在迷惑的世界这个道理，就能脱离污浊，产生觉悟。

一个人的心正确了，他的世界也是正确的。

由此可见，这个世界是由心灵引导，受心灵牵引，受心灵支配的，由于迷惑的心灵，就出现了充满烦恼的世界。

■佛陀点化　难陀出游

一切事物都是由心领先、以心为主、由心构成的。如果语言和行为出自污浊的心，痛苦便伴随而来，好像牛车随牛行驶一样。

如果语言和行为出自善良的心，喜悦便伴随而来，好像影子随主体行走一样。

如果心灵是污浊的，他的道路就会坎坷不平。如果心灵是清净的，他的道路就会平坦宽阔，从而就会感到安详。

能享受身心清净之乐的人，就意味着冲破了烦恼的迷网，踏上了佛陀的大道。心平气和的人能得到安详，从而就会昼夜不停地更加努力修心。

遵循佛陀的教导，让我们向佛陀学习，从心开始。

不偏不倚的中道生活

总结雪山上无法悟道的苦行生活，佛陀得出结论：力图解脱烦恼的人必须避免两种偏倚的生活。一种是不能战胜私欲，过度追求私欲的生活；另一种是不必要地折磨自己的身心，过着苦行的生活。

除这两种偏倚的生活之外，还有一种打开心眼，开动智慧，走向觉悟的中道生活。

什么是中道的生活呢？

佛陀提出，就是正见、正思维、正语、正业、正命、正精进、正念、正定，八个正确之道。

所有的东西都是由缘而生而灭，所以解脱是超越“有”和“无”的。无明时我们或者把它们看成“有”，或者把它们看成“无”；具有正确智慧时我们可以超脱“有”和“无”。这就是中道的正确观点。

譬如一根木材漂在大河中，如果这根木材不接触左右两岸，不沉于河底，不漂上陆地，不被人们打捞，不被卷入漩涡，也不从中心腐烂，那么它就可以漂入大海。

中道观点、中道生活就同这个木材的比喻一样，要超脱内外，超脱有无，超脱正邪，摆脱迷惑，不拘泥于觉悟，身处中流，任凭漂流，自然而然。

对追求解脱的生活来说，重要的是，要摆脱两个极端，坚持中道。

知道一切事物都没有生，没有灭，没有固定的性质，从而要加以超越，还要超越自己的善行，不受任何事物的束缚。

所谓解脱，就是要放开，不执着。不恐惧死亡，不追求生存。不追随这种观点和那种观点以及任何观点。

如果我们产生了执着之念，我们就会立即开始迷惑的生活。所以求道的人，要放开，不贪心，不停留，这就是解脱的生活。

觉悟是没有固定的形态和实体的，我们可以觉悟，但不存在被觉悟的对象。

因为有迷惑，所以有觉悟，如果消除了迷惑，觉悟也就不存在了。离开了迷惑就没有觉悟，离开了觉悟就没有迷惑。

■楞严大定　救度阿难

既然有觉悟就说明还存在障碍，因为有黑暗，所以就有光明，没有黑暗也就不存在光明了。因为光明和光明的对立面都不存在了。

我们觉悟后仍不会停顿。因为有觉悟说明还有迷惑。

到了这个境界，迷惑的状态也就是觉悟，黑暗本身就有光明。必须彻底觉悟，使一切烦恼同时都成为觉悟。

佛陀指出：真正的解脱，不是外在达到了某种条件，而是拥有一颗觉悟的心。而觉悟的人，就只是这样。

觉悟的种子

佛陀立志要让世人同自己一样觉悟真理以后，他以大彻大悟的目光扫视世界：

有各种各样的人：聪明的人，愚痴的人，性情好的人，性情坏的人，容易教诲的人，不容易教诲的人等等。

就同池中的莲花一样，池中有青、红、黄、白各种莲花，它们都生在池中，长在池中，有的不出水面，有的刚出水面，有的离开了水面碰不到池水。

除上述差别之外，还有男女之别。

但这一切并不是在人的本性上有什么差别。男人通过修行可以觉悟，女人通过修行，也可以觉悟。

佛陀怀着这样的信念，开始传授佛法。

在到达觉悟的大道上，人们用其眼看待佛陀，用其心信仰佛陀。使人们在生和死的道路上一直徘徊到今天的，也是这种眼和心。

我们之所以都被“烦恼”的纽带所缠绕，不断地经历了迷界，是由于两个根源：

一个是我们把生死的根源，即迷惑的心，当作自己的本性，我们不了解觉悟的本性，即清净的心；再一个是我们不了解觉悟的本性，即清净的心，是隐藏在迷惑的心的背后、存在于自身之中的。

我们捏着拳头举起胳膊时，我们的眼睛可以看到，心灵可以知道。但是，知道这种情景的心，不是真实的心。

活动的心，是从欲望产生的，是为自己而活动的心，是与缘相接触而产生出来的心，是没有真实本体的、变化无常的心。我们往往把它看成是具有实体的心，所以就产生了迷惑。

当你放开拳头时，心灵就会知道拳已经放开。那么活动的是手呢，还是心呢？或者这两者都不是呢？

当手活动时，心也活动；当心活动时，手也随着活动。可是，所活动的心，是心的表象。而不是心的根本。

所有的人都具有清净的心。这个清净的本性，却被那些产生于外在因缘的迷惑的灰尘覆盖着。不过，不管怎么说，迷惑的心是次要的，而不是主要的。

月亮即使被云翳覆盖了，月亮也不致被云翳所污染，也不会被云翳所动摇。

所以我们不能把飘动的类似灰尘般的迷惑的心，当作自己的本性。

我们应当清醒地认识到自己的不动摇、不被污染的觉悟本心，重新认清自己。

我们心中的迷惑和污浊，是由于欲望及变化无常的外界的缘而产生的。

不受这种缘的来去影响，永远不动摇、不消亡的心，才是人的心的本体和主人。

不能说客人走了之后，房屋就不存在了，同样的道理，不能认为由于缘而产生或消亡的这种活动的心消失了，自己也就不存在了。因外界的缘而变化的心的活动，并不是心的本体。

一座礼堂当太阳出来时，就明亮，太阳下山后，就黑暗。

可以把明亮还给太阳，把黑暗还给夜晚。但是能够感觉明亮和黑暗的力量，却无处归还。只能把它归还给心的自性和本体。

太阳出来后感到明亮，这是一时的心；太阳下山后感到黑暗，也是一时的心。

由此可见，在明和暗这种外在的缘的影响下，便产生感觉明暗的心。而感到明和暗的心，是一时的心，并不是心的本体。感觉明暗的力量的根本才是心的本体。

由于外在的因缘的影响而产生或消亡的关于善恶、爱憎的念头，是堆积在我们心灵上的客尘引起的一时的心。

我们本来就有一颗被烦恼的灰尘裹着而又不会遭到污染的清净的心。

当水盛入圆形的器皿时，水就成圆形；盛入方形的器皿时，水便成方形。水本来是不存在圆形或方形等形状的，可是我们却忘记了这一点，总是拘泥于水的形状。

我们看到善恶，感到好恶，想到有无，然后受这些思维驱使，受这些观点的束缚，苦于追逐这些外在的事物。

佛陀让我们把心眼转向自身的本质，把被束缚的观点归还给外在的缘，回到不受束缚的自己的本性上来，这样，身心都会获得不受万物阻挡的自由境界。

隐藏着的珍宝

我们的本性，也就是佛性。所谓佛性就是成为佛陀的种子。

把聚光镜对着太阳，把光聚在艾茸上，艾茸就会起火。那么火是从何而来的呢？太阳和聚光镜相距很远，两者不可能碰到一起，但太阳的火以聚光镜为缘，出现在艾茸上了。不过即使有了太阳，如果艾茸不是可燃物，艾茸也不可能点燃。

把佛陀智慧的聚光镜对准在佛性（成佛的根本）这个艾茸上，佛陀的火就会作为佛性开化的信火，在心灵这个艾茸上点燃。

我们背离了本来所具有的能够觉悟的佛性，为烦恼的灰尘所缠绕，我们的心受善恶形态的束缚，深深地感到不自由。

我们本来是具有觉悟之心的，那么为什么会产生这种虚假现象，遮住了佛性之光，在迷界徘徊呢？

从前有一个人，早上照镜子时，他大吃一惊。因为他看不到自己的脸和头了。然而他的头和脸并没有丢失，而是他看了镜子的背面，以为自己的头和脸不见了。

佛陀说：想要觉悟而未能觉悟的人，如果为此感到苦恼，那是不必要的。本来在觉悟中是不存在迷惑的，但在无限长的时间里，受外界客尘的影响，产生了妄想，并由于这个妄想而产生了迷惑。

因此，只要丢掉妄想，觉悟自然会回到身边。我们就会懂得并不是在觉悟之外还有什么妄想。而且奇怪的是，凡是觉悟的人，就不会有妄想，并会感到未曾有过什么需要被觉悟的东西。

这个佛性是不会穷尽的，也不会消失。

在污浊的躯体中，在烦恼的最深处，佛性仍然蕴藏着它的光辉。

从前有一个人在朋友家里喝醉了酒睡着了。他的朋友由于有急事踏上了旅途。朋友为他的将来担忧，便把值钱的宝石缝在他的衣领里。

他酒后醒来，不知道他的领子里有宝石。他流浪到外国，曾苦于没有吃穿。后来又遇见了那位朋友，朋友对他说：“你的领子里有宝石，你可以拿出来用。”

这个宝石就好比佛性，佛性的宝石，尽管被贪、瞋等烦恼的衣领包藏

■殡送父王　报养育恩

着，但它并没有受到污染。

任何人都具备了佛陀的智慧，佛陀非常清楚地看到这一点，所以他称赞说："好极了，人人都具备了佛陀的智慧和功德。"

但我们被自己的愚痴覆盖着，用颠倒的眼光看待事物，无法看到自己的佛性，所以佛陀教导我们，要我们摆脱妄念，让我们知道，我们本来是同佛陀没有区别的。

这里所说的佛，是已成的佛，我们是将来的佛。除此之外，在这两者之间并没有任何区别。

我们虽然是将来的佛，但不是已成的佛，如果以为自己已成了道，那就犯了极大的错误。

尽管有佛性，但如果不解脱，佛性就不会出现，如果佛性不出现，就没有成道。

佛性不会因人的死亡而消失，它在烦恼中也不受污染，而且永远不会消灭。这样的佛性，只有学习佛陀才能够发现它。

摆脱我执显佛性

据载，佛陀从伽耶出发来到频毗娑罗国王统治的主要城市王舍城。

他的弟子们，包括他睿智的大弟子舍利弗也随他一起来了。舍利弗以智慧第一闻名遐迩，王舍城的许多居民竟分不清他和佛陀谁是弟子，谁是老师。

佛陀有意抬高一下弟子的声望，于是就当着国王和人民说：“欢迎伟大的法师吧！舍利弗的确熟谙了佛法，取得了最高的智慧。现在他就像一个家产万贯的贵族掌握了财宝一样，他可以使那些苦难的人忘记悲痛，请显示出自己的智慧吧！”

据说，佛陀话音刚落，舍利弗就立刻入定。观看的人眼前出现了奇妙的景象：舍利弗升到了半空中。人们的眼里充满了崇仰的神情，于是异口同声地大叫起来：“世尊做我们的法师吧！我们是您的信徒。”

佛陀看到他们听法心切，就讲起了假“我”和欺骗。

佛陀说：

“思想和所有的感觉都要服从生死的规律，要理解‘我’的概念，理解‘我’组成的那些迁流变化之物，以及思想和感觉的功能是如何发挥的。这样，你身上就没有余地来容纳个体的我。

“因为，正是对自我的迷信才导致了一条绳索将我们束缚于虚幻世界的痛苦。但当一个圣人知道无我的道理后，这种束缚的绳索就被砍断了。

“在那些相信假我的人中，有的说‘我’死后仍然存在，有的说它迟早会消匿。这两个错误实在严重。如果说这个‘我’可以消匿，那么它所努力获得的果实也要消匿，因此世上就不会再有别人了，难道这可以说是解脱吗?

“如果说这个‘我’永垂不朽，那么在虚幻世界的生死轮回中就有一种既不生，也不死的物质——偏偏是这种自我。这一来整个宇宙只需一件东西就够了——我行我素，无需什么高尚、尊贵的行为，因为这种贪得无厌的我统管了一切，一切都已完成，又有什么可去争取的呢?

“但当一个人了解到世上并无这个贪得无厌的‘我’，它只不过是一场虚幻的话，那么这个人就会从中解脱出来，进入到一个较广阔的视野。他也会过着与此相同而又不尽相同的生活，就像嫩芽从种子中发育出来，但种子又不是嫩芽一样。

“因此，要记住，‘我’并不存在，在‘我’的虚幻下掩藏的才是真实的面貌。”

“我”的概念是执着的心所考虑的，对觉悟的人来说，这样的“我”就是必须加以否定的执着，佛性却是必须加以揭示的珍宝。佛性虽然与“我”相似，但它并不是有“我”或“我所”这种情况下的“我”。

认为“我”是存在的这种看法，是一种把不存在的东西看成是存在颠倒了的看法；不承认佛性的看法，也是一种把存在的东西看成是不存在的颠倒了的看法。

佛陀又打比喻说：例如，医生给一个婴儿看了病，医生开了药说，在药未被消化之前，不得给他喂奶。

于是母亲在她的乳头上涂上了苦药，使孩子不吃她奶。当药被消化之后，母亲洗净了奶头，给孩子喂奶。母亲的这种行为是出自爱护孩子的慈爱的心肠。

同样的道理，为了消除世上的错误的想法，为了消除对“我”的执着，佛陀曾向人们说明“我”是不存在的。当错误的观点消除之后，佛陀就告诉人们存在着佛性。

“我”将引导人们走向迷惑，佛性将导致觉悟。

有一个妇女，因为她不知道家里有装着黄金的箱子，而过着贫苦的生活，有人出自怜悯的心情，给她挖出装有黄金的箱子。佛陀也是一样，打开佛性，给我们看。

既然我们都拥有佛性，那么为什么会有贵贱、贫富的差别，又为什么要发生残杀和欺骗等令人厌恶的事情呢?

举例说，宫廷里有一个大力士，在他的额前戴着一枚玉石，他同其他大力士摔跤时，碰了前额，玉石被压进了肉内，从而长了一个疮。大力士以为玉石已经丢失，只想到要去求医治疮。医生一看就知道这个疮是藏在肉中的玉石引起的，把它取出来给大力士看。

我们的佛性也藏在烦恼的灰尘中，我们看不见它，卓越的导师就可以把它找出来。

由此可见，尽管有佛性，却被贪、瞋、痴掩盖着，被业和报缠绕着，使我们处于迷境。然而，佛性并没有丢失，也没有被破坏。只要消除了迷惑，佛性就能再次显现。

正如大力士看医生为他取出的那枚玉石一样，我们也可以借佛陀之光，看到自己的佛性。

红、白、黑等各种颜色的母牛，都挤出白色的牛乳。各种不同处境、不同生活的人，虽然他们的业和报不相同，但都具有佛性。

喜马拉雅山有许多贵重的药，这些药都在茂密的草丛中，人们找不到它们。从前有一个贤人，根据这些药的气味找到了这些药，他做了一个桶进行采集。但在他死后，这些药又被埋在山中，桶中的药腐烂，随山溪往下流，在不同的地方发出不同的味道。

佛性也是一样，是被茂密的烦恼之草覆盖着，人们很难找到它，佛陀拨开草丛，使人们看到了这种佛性。佛性的味道虽然都是一样甜，但由于烦恼的原因，会出现很多种味道，人们会采取各种不同的生活方式。

佛性像金刚石一样坚固，是不会被破坏的。人们可以在沙粒和小石子上钻出小孔，但无法在金刚石上钻出孔来。

躯体和心能被破坏，而佛性却无法破坏。

佛性是我们最优秀的特性，我们习惯于尊卑，在佛陀的教法中，人与人之间是不存在差别的，只有知道佛性的人才是尊贵的。

金矿石熔化之后，去掉渣滓，便可炼成贵重的黄金。把心的矿石熔化之后，去掉烦恼的渣滓，任何人都可开发出同样的佛性。

通过觉悟，开发出佛性，就解脱了烦恼痛苦，就成道了。

倾听《金刚经》的交响曲

再让我们回到当初佛陀打算解决的问题上：如何征服生、老、病、死？

人有生老病死，世间有生住异灭，宇宙有成住坏空，这些道理都是一样的。像杯子坏了，桌子坏了，换个角度来看，它们是不是生病了？

如果有一天，这房子没了，桌子也没了，是不是可以说它们也死了？

我们一般在使用文字的时候，这些用词已经冠上我们的价值了，这个价值就是我执。

所以，龙树菩萨在《大智度论》中说："语言有三种，第一是邪，第二是慢，第三是名字。"

龙树菩萨进一步解释道：一切凡夫的语言是邪，见道学人的语言是慢，阿罗汉的语言是名字。邪是什么？我死了，除了身心现象死掉以后，心里面又产生一个死的感觉，死的感觉就产生轮回，这叫邪。

见道学人他知道，"我"是如幻的、无我的，如果讲"无我死了"也很奇怪，他虽了知无我如幻，但因心中还有残习，所以叫"慢"。

阿罗汉他已成证解脱了，了悟无我，所以他说"我死了"，只是现象随灭，实际上他是不受后有的，不会在生死大海中流转，所以他说"我死了"时并不执，这样的语言叫"名字"，是假名之意。

一个解脱之人，他说"我"的时候是无我的。一个了悟无我的人，他知道自己的名字只是应着这个缘的名字而已。

在《楞严经》中，佛陀与文殊菩萨有一段对话：

"文殊，吾今问汝：如汝文殊，更有文殊，是文殊者，为无文殊？"

"世尊！我真文殊，无是文殊。何以故？若有是者，则二文殊，然我今日，非无文殊，于中实无是非二相。"

佛陀问文殊菩萨："请问你是文殊菩萨吗？"

文殊菩萨回答："我若说：'我是文殊'，那就有两个文殊——一个是文殊，一个是我说我是文殊菩萨。如果我回答：'我不是文殊'，那又与实法相违。所以，文殊者，即非文殊，是名文殊也。"

所以，佛陀在《金刚经》中评价一切时，令人印象最深的话就是"我

■阴谋陷害　假孕谤佛

说某某，实非某某，是名某某”。

佛陀的教法就是如此，了解这些，对我们很有帮助，我们要随时随地用正见思维的方法对照，不是去思维内容，而是要反观自己思维的核心，回归起思维的这个本性，让佛性自然开显。

生老病死平等如一

佛陀在《金刚经》中的教导要求我们：不必过分执着于语言的内容。因为我们对语言有执着，我们破除了这个习惯就会看到生死的实相，不会被语言幻相所迷惑，我们如用世间心看这些语言，将会永远执着。

了解这点，到最后，也不会用生灭心看待佛陀的教法所载——佛典，不会用生灭心看佛法，而是用清净心，这时忽然之间就看懂佛经了，把佛经看透了，看到纸背后面了。

所以，后来的禅宗大德说："依文解字，三世佛冤，离经一字，允为魔说。"依文解字，用世间心看文字，就是用邪见看佛经，三世佛冤。但是，如不从文字来看，而是用心、意识来看，也是魔说。

遵循佛法的原则，我们要看文字的背后，看到它的缘起性。当我们看透一切世相的缘起心，从生到老到病到死，就是无常的庄严宝冠，就是佛法，能够超脱一切生灭。

这时我们会看到：死亡不过是生的一个表征、现象而已，生必然带着灭，死亡是生的一种现象，死亡不是远离生的，所以生中已带灭，灭中已带生，这时我们会看到整个世界、整个宇宙及每一个人，会看到法性海、整个众生海，这一切就像大海，每一个人、每一个众生都像一波一波的海浪，这个海浪起来了，出生了；那个海浪灭了，这个海浪生了活过来了，出生了，那个海浪死了，这个海浪跟那个海浪撞激夭折，这个海浪夭折了，并不代表它死了，它是转入第二个力量，也就是转入另一个全新的海浪，所以生是死之死，死者生之死，故生死是一对，生者是生之生，死者是死之生，把死拿掉也无所谓生。

在佛陀眼里，生灭真的是一场游戏。

而我们现在是海浪，因为我们执着我们是海浪，执着有我，所以我有生有死。有一天，大家不执着了，回到海水里一看——哎呀！哪有生有死，根本是骗人的，所以回到海水的立场没有生没有死，只有涅槃。

但是有悲心生起的人，又会回到海水的立场，虽然我无生无死，但是我又回到海水的立场来示现生灭的现象，这是大悲的精神，来告诉大家这个道理，所以就法界根本而言，没有生灭对待。

就整体法界而言，没有成佛与不成佛的问题，成佛与不成佛是我们众生界的问题，与整个本来法界无关。

佛陀又是站在什么立场来讲的呢？

像《文殊般若经》里讲：如是诸佛，这些无量无边的诸佛，经过无量始劫来救度众生，使一切众生能够圆满成就成佛，结果众生界不增不减。

这句话是什么意思呢？

这是由于从法界立场来看，世界本无生灭，所以没有成佛与不成佛的问题，所以成佛是因众生有轮回才要成佛，有染才要成佛，要破除无始无明才有办法成佛，如果从来没有无明或非无明，怎么会有成佛与不成佛？所以法界就是这个样子。

但是就我们而言，有没有成佛或不成佛的问题呢？有！因为我们现在是在烦恼和不解脱当中。

那成佛之后有没有成佛与不成佛的问题？

这可以说有，也可以说没有。因为离于众生界对待，在法界中安住的时候，众生一切根本没有成佛与不成佛的问题。但是如果还入这个世界当中去救助众生时，就有成佛与不成佛的问题，因为众生现在尚未成佛，他有烦恼，我们要救助他。

但如果认为众生的烦恼固定不变，那么就完了，佛法要如何成就？要无有少法可得，才是得阿耨多罗三藐三菩提，如是救度一切众生而实无众生得灭度者。《金刚经》所讲的就是这么清楚，亦即“无缘大慈，同体大悲”，智慧的人有永不退失的光明心情。

常常观空心不老

要如何见到佛性呢？是不是观想佛的样子？

什么是见佛？观空就是见佛。

佛陀在《金刚经》中说：“若以色见我，以音声求我，是人行邪道，不能见如来。”

但《金刚经》又说：“莫作是念：‘如来不以具足相故得阿耨多罗三藐三菩提’。”如果认为佛陀不具三十二相、八十种好之圆满色身的话，又落于断灭。

这是要我们破有破无，不能执着于一端。不执着于一端，如此所见就是佛。

有智慧的觉受，这不是见佛吗？了悟空性，这不是见佛吗？

破一切妄想，见空即见佛。

传说佛陀从忉利天宫说法完了，将回到人间。大家因为很久没有看见佛陀，一听说佛陀要回来了，都非常欢喜，想先见到佛陀。

莲华色比丘尼也听闻佛陀今日要回来的消息，心想：佛陀回来，将会有很多人去迎接他，我如果这样去，一定没法第一个见到佛。为了想第一个见佛，莲华色比丘尼就运用神通力，化现成转轮圣王，轮宝、象宝、马宝、珠宝、玉女宝、典兵宝、典藏宝等七宝俱足，阵容盛大，浩浩荡荡地前去迎接佛陀。

这时，须菩提尊者正在缝衣服，想到佛陀今天回来，自己应该前去问讯礼拜如来。当他放下衣服要起身时，忽然想着：“什么是如来呢？是我所见到的眼、耳、鼻、舌、身、意吗？还是地、水、火、风等四大所构成的佛身呢？”

是啊！一切诸法皆悉空寂，无造无作，就像世尊所说的：

若欲礼佛者　及诸最胜者
阴持入诸种　皆悉观无常
曩昔过去佛　及以当来者
如今现在佛　此皆悉无常

若欲礼佛者　过去及当来
说于现在中　当观于空法
若欲礼佛者　过去及当来
现在及诸佛　当计于无我

如此思维之后，须菩提尊者就继续回去缝衣服。

莲华色比丘尼化作转轮圣王，以七宝为前导，声势浩大地来迎接佛陀，现场早已被挤得水泄不通，但是大家远远地看见转轮圣王的阵容，都赶紧让出一条路来。这化现的转轮圣王来到佛陀的足前才变回原来的莲华色比丘尼，以头面礼佛足，并说：“我今顶礼最胜世尊，得以最先面见佛陀。”

想不到佛陀却回答她：

善业以先礼　最初无过者
空无解脱门　此是礼佛义
若欲礼佛者　当来及过去
当观空无法　此名礼佛义

意思是说：了知空才是最殊胜的礼佛，如果要礼佛者，应当现观空性，这才是礼佛的真义。换句话说，须菩提才是第一个见到佛陀的人。

常常见空，心灵就不会装下一丁点垃圾，心就永远不老，安住在不生不灭当中，时时生起正念，智慧就恒然生起。

维摩诘菩萨的病

我们的一生，除了极个别的例外，一般来讲都会出现病征，就解脱而言，如何对待病呢？

让我们来了解一下《维摩诘经》中的教导。

所有的病都是一样，由地、水、火、风所引起，由构成身体的四大所引起。当我们碰到病这个现象的时候，面对的态度如何，怎么来接受？怎么来实践解脱？

一场病，事实上就是一场死亡的训练。因为任何一场病，一定会经历地水火风在我们身上所造成的一些现象。如：我们在生病的时候，身体十分臃肿，这是地大的病；口很干，水分没有办法流动，口干舌燥，这是水大的病；我们身体有时候热，有时候冷，这是火大的病；我们呼吸不顺等，就是属于风大的病。这也是死亡前所必经的。

每一次生病，我们不要老是想："唉！我怎么那么倒霉，又生病了。"病，就是因缘的结果。所以，任何病来的时候，没有逃避的理由。但是，有病的话要治好它，这是应该的，不相冲突的。

生病了，就要面对，有病就要医治，要正确面对它，正确医治它。即使是佛陀生病的时候，还是会请耆婆医生来医治。如果小病故意拖拖拉拉的，以为这是一种修行人的风范，结果因此而死了，那是愚昧。

再来想想看，进一步把病变得很庄严，要把这些病变成无常的宝冠。所以，我们现在把这一切病，都供养给三宝，供养给众生。

这不是叫大家生病，而是透过这个病相来示现无常的庄严，让病变成佛法教化众生的一种形式。我们不断以病练心来磨砺自己将来的死境，同时，要把这病转化成一种慈悲的病，一种智慧的病，一种三昧禅定的病。

在病中能够自在转换，在不断地调理过程里，我们来教育大众，即使在很疼痛的时候，也能够示现安乐，来教育探病的人，让他心生慈悲，让他知道原来病也可以生得很自在、很喜乐。

这就是维摩诘菩萨的病。

■ **维摩诘**

早期佛教著名居士、在家菩萨,《维摩诘经》就是记载维摩诘居士所说的不可思议解脱法门的经典。本经由三国吴支谦译出后，即在我国盛行，历代以来多达七种汉译本，目前以鸠摩罗什所译最为流畅，评价最高，流通也最广。经中描述维摩居士“虽处居家，不着三界；示有妻子，常修梵行”，这种不可思议的宿世妙缘，是佛化家庭的最早典范，维摩居士则堪称是佛陀时代第一居士。有一次，他称病在家，惊动了佛陀。佛陀特派文殊师利菩萨等去探病。佛知道维摩诘菩萨只是诈病，所以派去了被誉为智慧第一的文殊菩萨。文殊见到维摩诘后，两位菩萨互斗机锋，反复论说佛法，义理深奥，妙语连珠，使同去探访的菩萨、罗汉们都听呆了。一场论战后，文殊菩萨对维摩诘倍加推崇，人们对维摩诘菩萨也更加崇敬了。

死是一场小悟

如何才是正确面对死亡的态度？

经典中极其清楚地说明：佛陀对于解脱的教法根本不是直接安立在“永生”上面，也没有永生这个概念，因为永生也是落在生死之中，它是错谬的想法。

佛陀这样教导我们认识死亡，教导我们掌握涅槃之道：

我们不必欢喜死亡也不要远离死亡，因为死亡对一个解脱的人，对一个能在最后有所了悟的人来讲，就是一场悟境，是解脱生死的悟境。

不能够了悟死亡的人，不能够正见死亡的人，就不能够了解无生的道理。

那么，什么是无死？

无死绝对不是以畏惧死亡的心可以得到的。畏惧死亡的心就是生灭的心，有生必有死，所以，不可能无死。无死，必须建立在对死亡深切的了解之上。不知死亡者，无以了知无生；不知无生者，无以了知无灭；不知无灭者，无以了知无死。

初时，我们对死亡首先要敬畏，这是正确的，因为对死亡敬畏，会对生命产生尊重。但是，如果只有敬畏的话，那就是解脱无期了。因为，我们最大的痛苦，来自于对死亡的畏惧。

对死亡敬畏是一种道德，我们敬畏死亡，不愿意自己死亡，不愿意自己死亡的人，就会害怕看到别人死亡。

刚开始我们要敬畏死亡，敬畏死亡的人才尊重生命。敬畏死亡之后，我们要了悟死亡，正见死亡，正确理解什么是死亡？最后会发现：死亡根本不是我们想像中的那回事，它是一个生灭对待的现象。先从正见死亡着手，以正确见地了解死亡，慢慢地产生体受，了悟死亡。我们随时随地了悟，先在正知正见上产生觉受，了悟了，到最后超越死亡，证于涅槃。

涅槃是远离生亦远离死，而不只是远离死亡而已，远离生死，所以“不受后有”。

但佛法的无死，“不受后有”不是再也不出生了，而是必须立足于超越死亡之后，重新再回入红尘，已经远离生死的对待，但为了大悲的缘

■密谋害佛　慈悲度化

故，如幻地在世间再现。这是一个大悲心的投入，所以，能从超越死亡里面再生起无生之生。

无生之生，这是如幻的，所以它绝不只是轮回的出生。

我们这样来看待死亡，就能够进入禅悟的死。我们看看烦恼死了没有？贪死了没有？瞋死了没有？痴死了没有？如果这烦恼死了，它还有没有习气？死是停息的意思、转换的意思。

佛陀说，一个修行解脱的人，在死的过程中，也是在玩一场名之为死亡的游戏而已。

无比珍贵的菩提发心

《楞伽经》中，佛陀的大菩萨弟子大慧大士，在开场时先问了佛陀一大堆宇宙人生的大问题，佛陀却轻轻一转，直接从心地说起，讲实修实证。

原来，佛陀认为，如果只是了解些理论而无真实的验证，解脱也只是一句空头话而已。

佛陀说，说说食物如何如何，能让一个饥饿的人饱吗？

要饱，就得把饭吃到肚里才行。同样道理，只有真正修证到位才有真实解脱。

我们前面对佛法的理论做了一些准备，以下就让我们学习佛陀进行具体的实践。

首先，我们需要了解发心。

发什么心呢？佛陀倡导发菩提心。

佛经云："心地广大如虚空"，但我们一般对这句话一点感觉也没有，因为大家从未把它视为生活中的一件事来做，只把它看做佛典中的一句话。

心地广大如虚空，是佛陀要我们发起菩提心，发起广大不可思议的愿力。就消极而言，是不要让心有所障碍，就积极而言，则是要让大家的心和一切诸佛菩萨同等发愿。

如何是让心广大如虚空般没有限制呢？就是不要拿种花的盆子种大树。百年的榕树种在小盆里作盆景，也才长一点点。

也许我们会用大一点的盆子来种，但是和大地比起来，和虚空比起来，却显得那么小。如果我们的心有限制的话，就永远在限制中成长。

我们为什么不把这大树从盆子里移出来种在大地上呢？把周围的环境处理好，让它在大地中自然发芽、成长，不必每天去看长高几公分，不必天天剪枝浇水，偶尔去看一看，一百年、两百年后，这大树所成的树荫连绵几里，能让多少人乘凉啊！

我们的心要这么广大。"大象者不由小径，大行者不拘细节"，佛陀希望我们初期的时候，先立大志，到越高阶的菩萨就要修细行，这是修行的轻重缓急，我们要了解，才不会只是在绕圈圈。

我们何时才不绕圈圈，不必为自身的存在辩护呢？

如果我们站在圆周上，要到圆心去，如果是用绕的话，绕了一千圈、一万圈，都还是在绕圆圈，如果我们看准圆心，一步跨过去就到了。这里面最大的困难不在外境，而是在我们心中。

我们在自己心中与解脱之路上筑了一道迷宫，绕了半天。太早到的话，我们也感觉不对，因为听说解脱是很困难的，所以告诉自己一定要绕，如果一步跨过去一定有问题。于是心里就在那儿想“有问题、没问题”，花了许多心思。

其实，有没有问题，走到了就知道了，放胆地踏下去，如果有问题再修正就好了。如果到了就觉得自己好了不起，那一定没有解脱，这是很容易判断的。

如何实际解脱呢？有人常自叹：“哎呀！我的罪业深重，我是下劣低贱的人。”遇到这些人，若问他：“你有神通吗？不然怎么知道自己根器下劣？”于是他又转忧为喜地说：“那我不是根器下劣，必定是上根器了？”这真正是有毛病的人。

人是很可怜的，有 99% 的心思都在辩证自己是对是错，1% 才用来行动。真正做对一件事时，我们也不肯相信，做错事，人家质疑了，我们又拼命辩解，人就是这么可怜。

因为我们不肯落实下来。其实有一条路很好走，很简单：我们想想看，自己的佛性和佛的佛性有什么差别？没有差别！我们与佛差在哪里？因为他的佛性有作用，我们没有作用。为什么呢？因为我们认为自己很差，所以就用自己的贪、瞋、痴、慢、疑，不肯用佛性。

直接向佛陀学习，这才是直接解脱的路。有些人，可能修行的功夫很好，但是就不肯直接跨过去，一直在那边想：“我这样好？那样好？还是这样走比较好！不不不！那样走好了！”相反的，有些人可能程度还不及这些人，但是他的解脱之路是走直线，不绕圈圈。绕路的人，理论上是有无限弯弯曲曲的路要走，是无限的。

所以，原本近的反而远了，远的反而近了。一般人走直线并不太容易，但是我们也稍弯一下就好，不要真的花一生研究自己到底有没有佛性，研究了半天才肯行动。

追求解脱的生活

除了佛陀外，善财童子也是我们学习的重要榜样。

善财童子可以说是初发心修行者的典范。

善财童子为什么被称为“善财”呢？他投生入母胎时，家宅内自然涌出七宝楼阁，楼阁下有七种潜伏地底的宝藏，宝藏上地面更自动裂开，生出七支宝牙，就是所谓的金、银、琉璃、珍宝、砗磲、玛瑙七种宝物。

善财童子身处母胎中十月之后诞生，形体四肢端正具足。同时地下又涌出七大宝藏，长宽高各满七个手肘，光明照耀。接着，屋宅中又有五百种宝器涌出，各种宝物自然盈满其中：金刚皿中盛满一切妙香，香皿中盛满种种衣物，美玉皿中盛满种种上好的妙味的饮食，摩尼宝皿中盛满种种殊胜奇异的珍宝，黄金皿中盛满银，银皿中盛满黄金，金银皿中盛满琉璃及摩尼宝珠，玻璃皿中盛满砗磲，砗磲皿中盛满玻璃，玛瑙皿中盛满珍珠，珍珠皿中盛满玛瑙，火红摩尼宝皿中盛满水蓝色的摩尼宝珠，水蓝色摩尼宝皿中盛满火红的摩尼珠，如是等五百种宝器都自然涌现。

同时，天空又雨下各种宝物以及各种财物，充满所有的库藏。因为这个缘故，他的父母、亲属，以及善于为人看相的相师，就叫这个孩子“善财”。这个善财童子，过去曾供养诸佛，种下许多善根，信解广大，常乐于亲近善知识，身、语、意业都没有过失，又能清净地修习菩萨道，求取一切智，是成佛的法器，心意清净如同虚空，回向菩提无所障碍。

当时，文殊菩萨来到福城说法，善财童子也在其中听法。

文殊师利菩萨为善财童子以及大众演说许多法门之后，就殷勤地劝喻大家，增长大众善根的势力，让大众欢喜，发起无上正等正觉之心，并让他们忆念过去世的种种善根。

之后，菩萨便在此地为众生随宜地说法，然后离去。

这时，善财童子从文殊师利菩萨处听闻诸佛的种种功德后，一心欲勤求无上正等正觉，于是便尾随文殊师利菩萨之后而说出他的渴求：

三有作为城廓，骄慢以为垣墙，
诸趣成为门户，受水化为池堑。
愚痴迷暗所覆，贪瞋恚火炽然，
魔王作为君主，童蒙依止而住。
贪爱以为徽缠，谄诳作为辔勒，
疑惑蔽其双眼，趣入诸邪道中。
悭嫉桥盈之故，入于三恶之处，
或堕诸趣之中，生老病死众苦。
妙智清净慧日，大悲圆满胜轮。
能竭烦恼大海，愿赐少许观察。
妙智慧清净月，大慈无垢妙轮，
一切悉施安住，愿垂照察于我。
一切法界之王，法宝以为先导，
游空无所障碍，愿垂教敕于我。
具福智大商主，勇猛勤求菩提，
普利一切群生，愿垂守护于我。
身披忍辱铠甲，手提智慧宝剑，
自在降伏魔军，愿垂拔济于我。
住法须弥山顶，定女恒常恭侍。(将禅定喻为侍女)
灭惑众阿修罗、帝释，愿观于我。
三有凡愚家宅，惑业地为趣因，
仁者悉皆调伏，如灯示照我道。
舍离一切恶趣，清净所有善道。
超越诸世间者，示我解脱法门。
世间颠倒执着，常乐我净妄想，
智眼有出离，开我解脱法门。
善知邪正诸道分别，心勇无怯，
一切决了之人，示我菩提大路。
安住佛正见地，长养佛功德树，
普雨佛妙法华，示我菩提大道。
去来现在诸佛，处处悉皆周遍，

如日出于世间，为我宣说其道。
善知一切众业，深达诸乘要行，
智慧决定之人，示我摩诃衍法。(指大乘教法)
愿轮大悲四毂，信轴坚忍为辖，
功德宝壮校饰，令我载于此乘。
总持广大箱函，慈愍庄严宝盖，
辩才铃震音响，使我载于此乘。
梵行作为茵褥，三昧示为侍女，
法鼓广震妙音，愿与我此大乘。
四摄无尽宝藏，功德庄严妙宝，
惭愧化为羁鞅，愿与我此大乘。
常转布施为轮，恒涂清净戒香，
忍辱坚牢庄严，令我载于此乘。

■ 善财童子自文殊菩萨始，至普贤菩萨终的求道成就之路，其实也自然地成为佛教修学不离智、悲、愿、行的榜样指南，丝毫不爽。

禅定三昧为箱，智慧方便作轭，
调伏永不退转，令我载于此乘。
大愿清净为轮，总持坚固大力，
智慧所有成就，令我载于此乘，
普行为周校饰，悲心作为徐转，
所向皆无怯懦，令我载于此乘。
坚固宛如金刚，善巧如同幻化，
一切无有障碍，令我载于此乘。
广大极为清净，普与众生欣乐，
虚空法界等同，令我载于此乘。
清净诸业惑轮，断绝诸流转苦，
摧魔以及外道，令我载于此乘。
智慧满于十方，庄严遍周法界，
普洽众生之愿，令我载于此乘。
清净如同虚空，爱见悉皆除灭，
利益一切众生，令我载于此乘。
愿力速疾前行，定心安稳而住，
普运一切含识，令我载于此乘，
如地而不倾动，如水普皆饶益，
如是运诸众生，令我载于此乘。
四摄圆满妙轮，总持清净大光，
如是智慧大日，愿示我令得见。
已入法王城中，已著智王宝冠，
已击妙法缯彩，愿能慈悲顾我。

永世不退的修学

文殊师利菩萨听了善财的祈求，仔细地观察善财童子并回答：“太好了！善男子啊！你已经发起无上正等正觉之心，也想亲近一切的善知识，询问菩萨，修习菩萨道。善男子啊！亲近供养诸位善知识，是得以具足一切智慧的最初因缘，你千万不要心生疲惫厌倦。”

善财童子一心欲求无上正等正觉，他急切地请问文殊菩萨：“只愿圣者广大地为我宣说，菩萨应该如何学习菩萨行？应该如何勤修菩萨行？应该如何趣向菩萨行？应该如何实行菩萨行？应该如何清净菩萨行？应该如何证入菩萨行？应该如何成就菩萨行？应该如何随顺菩萨行？应该如何忆念菩萨行？应该如何增广菩萨行？应该如何才能疾速圆满成就普贤行？”

文殊师利菩萨就为善财童子宣说以下的偈颂：

善哉功德宝藏，能来至我处所，
发起大悲心愿，勤求无上正觉。
已发广大愿力，除灭众生之苦，
普为有情世间，勤修菩萨大行。
若有诸位菩萨，不厌生死之苦，
则具足普贤道，一切无能破坏。
福光福威德力，福处福净之海，
汝能为诸众生，誓愿修普贤行。
汝睹见无边际，十方一切诸佛，
皆悉听闻佛法，受持不曾忘失。
汝于十方世界，普见无量诸佛，
成就诸大愿海，具足菩萨大行。
若能入方便海，安住诸佛菩提，
则以随导师学，当成就一切智。
汝若遍一切刹，微尘等诸时劫。
修行普贤行愿，能成就菩提道。
汝若于无量刹，无边诸劫大海，

修行普贤行愿，能成满诸大愿。
此等无量众生，闻汝皆愿欢喜，
皆发菩提心意，愿学普贤大乘。

文殊师利菩萨说了这首偈颂之后，再次勉励善财童子：“太好了！太好了！善男子啊！你已经发起无上正等正觉，求菩萨行。善男子啊！如果有人能发起无上正等正觉，已经算是很难得了，而他若能在发心之后，还继续求取菩萨行，这更是难得。善男子啊！如果你想成就诸佛的一切智慧，就应该决定寻求真正的善知识。善男子啊！求访善知识时，切勿心生疲倦懈怠，参见善知识勿心生满足，对于善知识所有的教诲，都应该随顺实行，不要只看善知识各种过失。”

文殊菩萨如此勉励善财之后，就引介他去参访德云比丘，不但如此，每一位他去参访的善知识都引介他继续去参访另一位善知识，这就是大家熟知的“善财五十三参”。

善财依序参访了哪些善知识及法门呢？

1 德云比丘——忆念一切诸佛境界智慧光明普现法门
2 海云比丘——诸佛菩萨行光明普眼法门
3 善住比丘——普速疾供养诸佛成就众生无碍解脱法门
4 弥伽大士——妙音陀罗尼光明法门
5 解脱长者——如来无碍庄严解脱法门
6 海幢比丘——般若波罗密三昧光明
7 休舍优婆夷——离忧安稳幢解脱法门
8 毗目瞿沙仙人——菩萨无胜幢解脱法门
9 胜热婆罗门——菩萨善住三昧、菩萨寂静乐神通三昧
10 慈行童女——般若波罗蜜普庄严法门
11 善见比丘——菩萨随顺灯解脱法门
12 自在主童子——一切工巧大神通智光明法门
13 具足优婆夷——菩萨无尽福德藏解脱法门
14 明智居士——随意出生福德藏解脱法门
15 法宝髻长者——菩萨无量福德宝藏解脱法门
16 普眼长者——令一切众生普见诸佛欢喜法门

17　无厌足王——菩萨如幻解脱
18　大光王——菩萨大慈为首随顺世间三昧法门
19　不动优婆夷——求一切法无厌足三昧光明
20　遍行外道——至一切处菩萨行
21　鬻香长者——调和一切香法
22　婆罗门船师——大悲幢行
23　无上胜长者——至一切处修菩萨行清净法门
24　师子频申比丘尼——成就一切智解脱
25　婆须蜜多女——菩萨离贪际解脱
26　鞞瑟胝罗居士——菩萨所得不般涅槃际解脱
27　观自在菩萨——大悲行法门
28　正趣菩萨——菩萨普云疾行解脱
29　大天神——菩萨云网解脱
30　安住地神——不要坏智慧藏法门
31　婆珊婆演底主夜神——菩萨破一切众生暗法光明解脱法门
32　普德净光主夜神——菩萨寂静禅定乐普游步解脱法门

■释种酬债　因果报应

33　喜目观察众生主夜神——大势喜幢解脱法门

34　普求众生妙德夜神——普现一切世间调伏众生解脱法门

35　寂静音海主夜神——念念出生广大喜庄严解脱法门

36　守护一切众生主夜神——甚深自在妙音解脱法门

37　开放一切树花主夜神——出生广大光明解脱法门

38　大愿精进力救护一切众生夜神——教化众生令众生善根解脱法门

39　妙德圆满神——菩萨于无量劫遍一切处示现受生自在解脱法门

40　释迦瞿婆女——观察菩萨三昧海解脱法门

41　摩耶夫人——菩萨大愿智幻解脱法门

42　天主光童女——无碍念清净庄严解脱

43　遍友童子师——介绍善财参访善知众艺童子

44　善知众艺童子——四十二字母法门

45　贤胜优婆夷——无依处道场解脱法门

46　坚固解脱长者——无着念清净庄严解脱

47　妙月长者——净智光明解脱法门

48　无胜军长者——菩萨无尽相解脱

49　最寂静婆罗门——菩萨诚愿语解脱

50　德生童子、有德童女——菩萨幻住解脱

51　弥勒菩萨——无量总持门、菩萨不可思议自在解脱

52　文殊师利菩萨——令善财成就阿僧祇法门

53　普贤菩萨——一切佛刹微尘数三昧门

人类社会的诸多好处

我们要向善财童子学习，但我们究竟能不能在人类社会中参学和成就？

其实，从过去庄严劫千佛到现在贤劫千佛，以至于未来星宿劫千佛，每个佛都依缘起时空广开深辟生灵们的解脱之道。佛陀的正法恒遍十方而纵贯三世，于本师释迦牟尼佛的娑婆净土（人类社会）自然而然地开花结果。

从我们这个最殊胜的娑婆净土来看，成就无上佛道，比人间更殊胜而快捷者，再无与相匹敌。

因为此娑婆净土被称为“垢中净土”，能以佛之知见化其五浊（五浊指：命浊、众生浊、烦恼浊、见浊、劫浊。命浊是生灵因烦恼丛集，心身交瘁，寿命短促；众生浊是世人每多弊恶，心身不净，不达义理；烦恼浊是世人贪于爱欲，瞋怒诤斗，虚诳不已；见浊是世人知见不正，不奉正道，异说纷纭，莫衷一是；劫浊是生当末世，饥馑疾疫刀兵等相继而起，生灵涂炭，永无宁日）。

所以，佛陀说：在极乐世界修行百年梵行，不如我所教化的“娑婆垢中最胜净土”修诸功德经一昼夜。

若极乐世界众生满修梵行经过百年方能成就的功德，在此娑婆世界一日之内即能成就。

为什么他方净土的纯净环境和生命的功德力，不如我们人类社会呢？

因为他方净土的修行者在没有什么挑战，甚至完全没有考验的环境里，相当于在温室里修行。

而我们人类则由于有无数痛苦烦恼逼迫，使得我们修行犹如逆水行舟，不进则退，很难有迂回的余地。

传承究竟是什么门

现在，让我们遵循佛陀的教导，在正确发心的基础上，了解实践和修证。

正如每个人的烦恼各各不同一样，每个人的觉悟解脱之路又各有区别。所以，历史上出现了小乘、大乘，显宗、密宗，而每一个个体的人，开发佛性的解脱之路又各有特定的传承。

历史上，不少人对传承的理解是：“哪个门里面都可以，不必‘妄加分别’”。

这是外行和狂妄的。

能够不“妄加分别”传承法脉的修行者，必须是个登地的菩萨才够资格这么说，目的也只是为了维护佛教的团结，教导一般抱着凡夫知见的修行人不要“门里门外、我高你低”地混乱争斗。一般说这句话的修行者，他没有真正进入实修实证。

试想，一个人连院校和专业都没有选定下来，他能完整地接受高等教育吗？虽然佛之知见只有一样，但达到佛之知见的途径却是每个人有每个人的缘起，有不一样的传承和法脉。

也有人认为自己不必明白或者选定悟佛知见的院校和专业，可以自学成材。但稍有佛学常识的人都知道，这件事和社会上的一般学问不同——这样的人只会有一个：佛陀自己。

对每个人而言，烦恼轮回的生死苦海是如此真切的体验——当我们观照念头的时候，它们倏忽而来，倏忽而去，一来一去间一生一死。念头在生死间又引动了自我感觉的快乐或者烦恼，这个链条还会往下传递，重重无尽。

不解脱，就这样每时每刻如此真实地在每个人的世界中没完没了地上演。

人类就这样处在了深刻的苦恼和无助中，以至于只能自欺欺人，在烦恼中一点都做不了主地打转，永无解脱之日。

佛陀发现，再没有别的办法了，只有实际地开发佛性，修行解脱，才是唯一的出路。

对我们而言，还需要进入正确的传承之门。

作为思维修的禅定

具体地开发佛性，必定先讲禅定。

禅定，就是对思维的一种训练，比较高明的办法是在训练中让身体有反应就随着反应，有念头就随着念头，这才叫真实思维修。

只要能空下来，不用把念头“止住”，念头该止自止，该有自有，这叫“空灵”。但如果尚未具备一定的理论基础，对空性一点准备都没有，就去“禅定”，必然是有定无禅。

不了解性空法则的禅定的训练，极容易产生偏差。修行人要么执着于功夫，要么执着于神通。

将“心”安执在功夫上或者安执在神通上都是不对的。安执在功夫上的人，气脉修行得好一些，然而有定无慧，境界上见不到什么真正的消息，往往比较偏激，身体尽管很强壮，但是健而不康。

偏执在神通上的人灵而不厚，感觉比较灵敏，有一些功能但是不能从深刻的空性中产生菩提心和慈悲心，其神通没有很深的悟境做基础，看起来神经兮兮，玩神通玩得久了，神通也就变成了神经。

进入功夫和神通以后，若无真正明心见性的底子，对空性一点消息也没有，让他“放下”功夫和神通简直比登天还难。对这种情况的修行者来说，放弃了功夫和神通，那么修行了半天，为了个什么？凭什么让别人来认可和信服？修行下了这么大的功夫又得到了什么？

这时候就会产生极大的障碍。虽然他背起心经来“无智亦无得，以无所得故，菩提萨埵……”很熟练；可真要“无所得”，那就成了万万不能。

这些都是通向生命解脱大道的修行偏执。

禅定修行

禅定是一切形式的修行的共法，是道业的筑基，因此，开发佛性，力求解脱的人必须习练禅定。

禅定首先从静坐开始，以求平稳安静下来。端身正坐、四平八稳，使神志安宁。

人首先老的是腿，修行要注重练腿，练腿的气脉运行，所以要找准适合自己的静坐方法，要把脚放得平平实实。

另外，坐的时候要面带微笑，使面部神经松弛，慈容可掬，不可弄成枯木槁柴的模样，使面容趋于峻冷，要让自己慈容可掬才好。

坐的时候把裤带等束身之物，一概放松，使身体松弛，完全休息。

气候凉冷的时候，必须使两膝及后颈包裹暖和。否则风寒侵入，十分有害，须特别注意。

过饱不得即坐，昏睡过分不可强坐，等到睡足再坐，方易于静定。

初习禅坐时，时间少些，留有余地，以适为度；次数多些，以勤为用。如果初练的时候，勉强让自己久坐，必定心生厌烦，难以静定。

欲界定的历程

禅定中的思维训练，佛陀在《增一阿含经》中重点介绍了“十念法门”中的“念安般”，就是让我们上座以后将心识回转过来，从观照呼吸入手。

禅定，从观息入手，也就是观呼吸。练习者坐定以后，下巴稍微回收一点，内观小腹内部，观呼吸，心念也自然而然地止在呼吸的出入上，如此试着进行止——观——止的修习。

为什么初学者首先从观呼吸或者说观息入手呢？因为一个人饿了，再说不饿都不顶事，所谓说食不饱。我们的烦恼和痛苦，首先就是身体不好。身体不好，要把禅定修上去，简直就不可能。

那么观息为什么就能转化肉身健康向上呢？按佛教的眼光，人体的生机在地火水风“四大”里面叫做“火大”，火由风起，具体到人体，就是生机由呼吸来推动、运化的。当然，我们姑且不管这个理论是不是合乎科学，首先呼吸对人生命的重要性起码是不言而喻的。所以，从呼吸下手解决身体的问题是切实可行的。

观照身体，无非是要获得一个金刚身。也就是说，无病、健康，转化了所有凡夫身的业力。具体的效果，叫暖、顶、忍，也就是达到了欲界定。

通过禅定训练，当我们整个的气脉开始通了，身体柔软面部有光泽，祛除病痛，这时大多数人容易身体发热，所以叫“暖”；也有些人不见得会发热，但只要气脉真正开通，就算“暖识成就”。

进而身体不断与虚空交换能量，这时候往往容易在三丹田，也就是前额、檀中、小腹结成“气团”，初步的效验是有些往外胀的意思，还有些气脉通畅、内息源源的意思，所以叫“顶”。

“忍”则是自身的阴阳平衡开始出现，内在能量的流动交换启动，道家叫“自身夫妻”，体验起来就是全身充满了欲乐，像是不断的性爱高潮，简直忍俊不禁。

色界定的表现

在欲界定的基础上再往上修，就修到了色界初禅到四禅。

佛陀在《增一阿含经》中对他的公子罗睺罗是这样印证的：

修到色界初禅时会感觉到整个身体如云如影，就这样又动起来，此时眼睛睁开时，肉体还是存在的，但会感到身体并不像欲界定时那么物质化。当身体如云如影地在定境中显现出来，这就是初禅。

到二禅的时候，整个定境会发生变化。会感觉到整个身体都在感受声音和光波，一呼一吸犹如巨雷一般，让浑身都在同频振动。

这是因为二禅的定境中，我们的神经传递系统统一地感受禅境的信息。此时不像我们在欲界定时，觉受上还有中枢神经与外周神经系统的分立，而是全体神经整个来感受，不需要分立，这时候的境界叫做默然定，也就是内在语言的沟通在这里也不需要了。我们此时不像欲界定一样，止观时还会有内在语言的交流。

初禅叫做“有觉有观三摩地”，“觉”指的是外周神经，“观”是来自中枢神经。初禅到二禅之间有一个大梵天王的定境，叫做“无觉有观三摩地”。没有觉，也就是不必经外周神经的作用，是从中枢神经产生观照的力量。在二禅是觉、观都消灭，叫做默然定，二禅、三禅都是这样，三禅叫圣默然定。到了四禅，定境会产生了很大的变化，当入了四禅定的时候，整个世界都会变成类似透明的世界。

定境中如明镜不动一样，全都是透明而没有任何东西，这时候的境界是相当纯粹了。所以当四禅的修行者入定后转修十遍一切处观时，随其心念而转境。例如修蓝色的一切处观，当他坐观蓝遍处一切时，境界里整个宇宙都会变成了蓝一色的净色。

由《增一阿含经》我们可以了解：禅定的修持中，从解除欲界的缠缚到色界初禅、二禅、三禅的时候，色界的缠缚愈来愈弱、空间的缠缚愈来愈弱、质量的缠缚愈来愈弱，到达四禅的时候，身心的感觉愈来愈细，解脱感愈来愈实在，但是这并非真的解脱，只是有轻松的感觉。因为实质本身是一种很大的压力，当实质愈来愈淡化后，空间和时间的运动会愈来愈自由，能量愈来愈高。

无色界的四空定境界

按照佛经的归类，从色界四禅再往上增长，有两条路径，一条是进入无想定——把一切想灭绝，结果形成以石压草，修行者就暂时入灭了。另外一条是四空定的路径，这四种定就是属于无色界的境界，这种状况比较正常，一般在禅修的阶次上，将此四空定与色界四禅合称为四禅八定。

首先第一个是空无边处定，此定就是把色界（物质能量界）的现象驱除掉，没有色相的障碍，进入无边的空间，回复到空间的本质。空间的本质就是可能产生而还没有产生实质化空间现象的那个状态，所以是遍一切处，空间无量无边，而叫空无边处。

空无边处的现起是来自意识存续的强烈存在感受，意识存续就是时间，它造成一种存在感受，这又是形成空间的本质。这空间的本质还没有实质化，所以并不属色界的范围。

到此定境，我们会感觉自身无边无际，上不着天下不着地，空空荡荡，大部分人会吓得出定，很难稳住。

一旦空间本质的缠缚破除掉，就进入时间，到达“识无边处”的境界。在此定境中只感觉到意识思维的存续而已。打破时间相续的感受后，进入相对接近静止的状态，感觉到一切都没有了，但仍不是完全的静止，因为还有“感觉没有了”的感觉，这是“无所有处”。

把无所有处再打掉，就进入“非想非非想处”，这是一个无明所造成的意识点。它是不动的，但仍存在，还有迷惘的本质，只是意识不动。

非想非非想处定中，意识定于一点，完全是定，但不是想，因为已经没有办法再思维，也不是没有想，而已经是单一的存在，此定会定很久，而且是无明，所以在此境界中很难改变、突破而入开悟之境。

佛陀在雪山六年苦行时，就已经达到了非想非非想处定，但发现这不是道，无法解脱，于是就丢掉了。

缘起世间，世间如幻

佛陀说：天人观河水像琉璃一样，人观河水是水，鱼观河水是宫殿和住家，饿鬼观河水是血水和火海，根本不能饮用。

我们用六根观察世界，以眼、耳、鼻、舌、身、意观察色、声、香、味、触、法，产生眼、耳、鼻、舌、身、意识。

是不是所有的生命都是这样呢？

不一定。在深海里的生灵，深海中的鱼就没有眼睛，加上深海中没有光线，它怎么看呢？它的眼睛已经退化，变成没有眼睛，而且不需要靠光线来觉受外物，所以它们所看到的世界跟我们描绘的世界会大不一样。

因此，我们现在看到的世界是依我们立场所看到的世界，我们描写的这个世界及许多东西是依人的立场来描写，它不一定是这样子。我们以为这世界有时间与空间的相续，这不是必然的，这是因为我们用概念来抽象和总结出的——时间、空间的观点来看世界，所以我们看到的不是实相，只是用我们的观点所看到的世界，我们看到的只是相对的现象，就像在海底的生物，因为没有光线，没有办法发展出眼根，它的世界就和我们不同。

另外，根据佛经记载，在初禅天以上的天人，是没有嘴巴的。我们看到很多佛像，天人的像都被画成像人一样六根具足，天人为什么要像人一样？它那里没有星球，没有重力，为什么要长成这样呢？

很明显的这是我们的意识投射到画上面而反映出来的。初禅天以上的天人并不需要吃饭，不需要一个专门的嘴巴来说话。他接受讯息也不靠声音，所以用不着耳朵，画像上这些耳朵、嘴巴都是我们装饰上去的。

二禅天以上的天人没有语言符号系统，只用心灵沟通，称为默然定。三禅天以上叫圣默然定，没有觉观，只有默然定。它们都是一团光，哪里有什么嘴巴和耳朵？

以我们人类的立场看待一切，显然与事实相去甚远。那么，该如何观察生命的存在形态呢？

我们训练禅定，却只是坐上那么一会儿，和我们的生活好像再没有别的关系。定而无慧，只是死禅，没有用的，它不能帮助我们解脱。

■临终遗教　双林入灭

所以，要结合禅定经验，了解生命的不同存在形式，验证和对照我们自己，看到我们的强烈立场执着，了解我们就在无明当中。

按照佛陀的希望，当我们有了一定禅定境界以后，就要“性空缘起，缘起性空”，用缘起法来观察世界和生命。

按照佛陀所说的轮回无尽的观点来看，生命界根本就没有死亡这回事。一般人勉强可以接受的例子是：像初始的生命，最原始的细胞、最原始的细菌、单细胞生命，它是不断地自我分裂而已，它没有死亡。

但像人类这样复杂性的生命，因为整体因缘太复杂了，互相牵扯的结果，就会产生上升堕落、老病死等等的现象。

从佛教的宇宙观来看世间，这只不过是一场幻化的现象而已。

三界的生成

佛陀说，当我们的禅定处在无色界的四空定时，境界的存在仍是落在时间和空间中，我们所体验到的，是另外一种生命的存在，它的存在是一种性质，心识跟性质的存在。

这存在一运动就有空间的展开，于是建立了空无边处。又，整个虚空与心识互相摩擦，在心念当中互相制约，本来是自由的，但因制约之故造成相应的因缘，这些因缘便产生滞碍，这些现象本来是互相的感应，但后来一同制约、滞碍而妄立色相，妄立生灵相，于是空中妄立出了色界宇宙和生命界。

这就像是整个宇宙从形而上的本体发生功用，开始转化，从量子中开始转化成能量的物质相，物相愈来愈粗、愈来愈粗，交织而成物质现象，互相心念的制约造成宇宙现象和生命的生起。本来，任何的物相并没有实质，是如幻的，但是在相应的因缘里，我们会感受到实质。

但是，按照佛法，我们这个世界对无色界的生灵是不存在的，因为他们没有感受过窒碍，所以我们不妨把他们看做是能穿墙。

我们对他们来讲是幻象，他们对我们来讲亦是幻象，这是因为没有因缘相应的缘故。我们对于我们自己却有窒碍，但是无色界他们彼此之间只是意念沟通，没有形相的窒碍。

色界也还有形有相，但比欲界微细，等到佛教所说的六大（地、水、火、风、空、识）整个实质化了就形成欲界。我们的心意识与时间空间，相互之间不断地相应交织，显现实质的现象，这实质的现象使我们有力，但也使我们窒碍更大。

所以，佛经中说，在娑婆世界中，我们人类变成了六道中造业的主体，其他道的生灵多属受报，而人道可以堕落进三恶道，也可以升天，也能够成佛，所以有所谓："诸佛都出人间，从不在天上成佛。"

照佛经的说法，无色界、色界众生他们神通自在，人道则无法如此自在，因为我们互相制约得很强力，共业很强硬。只有在梦中，我们才会让自我浮现出来，在梦中可以很自在的转化、变化，不像白天制约那么大。这是造业有力，制约亦强的关系。

从无明到三界的形成，三界在建立的过程中赋予各各不同的因缘关

■ **西方三圣**

指的是西方极乐世界三尊主要的佛菩萨，即教主阿弥陀佛，和他的左胁侍观世音菩萨、右胁侍大势至菩萨。造像上，三者皆在莲座上，莲象征出淤泥而不染，于一真法界而能应化在十法界；阿弥陀佛中立，观音菩萨胁侍在左，大势至菩萨胁侍在右。

系，人在三界中流转，生命某一历程如果适合、相应于在三界中的某时空，就会往那里去，就这样不停地在三界六道中轮回。

从禅定中，必须要生起这样的“性空缘起、缘起性空”的正知正见，深刻地洞察：

世间如幻，如幻世间。

对生命流转的观察

在佛陀眼里，整个如幻的世间是我们共同创立的，是我们自己运用无明创立起来的。我们自己参与进去，自己在其中控制一个位子、占有一个位子，这其实是我们自己玩的游戏，玩的是无明的游戏。

我们决定有一个“我”，是基本无明的开始。这是什么时候开始的呢？什么时候我们决定有个“我”呢？

每一个生命都在本质上不生不灭，追溯“我”这一念无明的源头是没有意义的。所以佛教显宗称其为“无始无明”，密宗的宗喀巴大师则称其为“俱生无明”。

“我”叫无明占据一个空间、占据一个时间、占据一个心识体，而跟整个世界互相摩擦互相运作。在这摩擦运作当中要保护自身，就会造成一个根本保护自己的心，不断地要保护自己，使自己生命不断地延续下去，这是求生意志，也是无明的力量。

无明的力量超过一切存在，变成生命的意志力，这个意志有痕迹，不会消失，而且不断地记载和存储在心识中，根本上讲它也是无相的，但是却会实质化地在我们的生命中表现出来——有因缘时，它就会被激活而运作起来，形成一世一世的轮回。

而且你的累积跟我的累积又各有不同而自作自受，但彼此之间又有交互关系，又有沟通影响，形成很不可思议的法界体，就像万花筒一般，个个相交、相互映现，这也就是业识。

因缘和合时，靠这种记存的载体（业识）投胎便会产生精神体、物质体（名和色），产生现在的因缘，这个过程佛教称作“名色缘识”。记存的载体（业识）当生的影像又会累积在载体里作为下次的因缘——识缘名色。所以不断再变，没有主体但是存在主流，三世就这样轮转不息，从生到死，从死到生。

这种记存的载体（业识），就是我们一般观念中所谓“灵魂”，佛教称作“中阴”或“中阴身”，是指我们生命亘古以来的一个含藏性，也就是我们过去所有生命经验的累积。它形成一个记忆体，这记忆体会自我凝聚，相类似的会有凝聚的功能，所以有集聚的作用。而且会一直相续，并

■ **阎王**

即我执死主。破除了我执，轮回的掌控者也就不复存在。

以微细的方式存在，它不必样样都引起现象，只是其中比较强大力量的部分，就现成这辈子的中阴现象。

按照佛陀的观察，引动力量与较微细基本粒子结合，就形成天人的中阴，其中色界天人的色质最微细，所以一般而言色界中阴是呈透明状的，欲界的天人中阴则较粗，人界的中阴则更粗，像五六岁的小孩一样，但也是透明状的，饿鬼道与地狱道的中阴就很粗重难看了。

这个记忆体在一期生命死亡、下一期生命未显现前会单独出现，但这个中阴身并非纯粹的精神体，它是精神意识招聚微细粒子（微细色）所组成的。纯粹的精神体没有中阴身，因此无色界天人没有中阴。

世出世间上上禅

在有了四禅八定的功夫和实证境界后，真正进入了由定力所产生的出世间智慧的观照境界，就对宇宙和生命有了深刻的了解。

我们到此地步会因为如此真实和深刻的观察，而达到内息妄念的境界。同时，又会对社会和人群产生极强烈的厌倦和出离情绪，这样一来就会贪住定境不求上进。拥有一颗出世超然的心当然是后面修行的基础，但是执着于这种心也是无法真正入世办道，成就菩萨行愿的。

《法华经》中，头陀第一的大弟子迦叶尊者曾报告说：佛陀啊，我们内心灭除了妄想，一念不生，就很知足了。以为解脱的大道除了这个，就再没有别的了。我们一听到您说要帮助众人，要净化宇宙，教化大家共同解脱云云，唉，我们马上头痛，一点儿也不高兴。

佛陀听了，当然不高兴，于是他说：唉，我将来涅槃以后，有些弟子就不相信这部《法华经》了，真正菩萨的行为愿力，既不知道也不了解。这些弟子自己为自己做了一些小功德，就以为可以证入涅槃永远解脱了。这怎么可能呢？

所以，按照佛陀的意愿，这个时候就需要将定境打掉，完全退藏于密。我们可以按佛教古代大德的经验，起修世出世间上上禅。

将禅定观察的对象完全从四禅八定的了解宇宙生命等外境收回来，只定于观照心的实相，念念不离对自性的观照。

功夫做得久了，四禅八定的境界自然会消失。

慢慢地，我们可以达到一心安住随意自在，只有“心的自性”这样一个实相，本体即觉受，觉受即本体，烦恼即菩提，菩提即烦恼。这时候，可以心住一念，如如不动；或者起观，了了分明。还可以大止大观，定慧平等。

明明了了观照心的自性。而后离一切妄想，身心寂定，内不贪恋禅境，外能舍一切对立的相。

达到这一步，我们就可以心身空寂，一想到“我”就会发生思考困难——但不是一般所谓的“人最不了解的人是自己”——对“我”很明了很清楚，但也明白已经不是语言文字能够得着的了。看到所谓的“别人”

■ 大梵天王得知佛陀成就最正觉，特前来向佛陀献花，以此缘起恳请佛陀为众生宣说妙法，让一切众生成就佛陀一般伟大的生命品质。佛陀慈悲应允。

只不过是另一个自己而已。

看到外境，会真切地感受到一切万有无不从“我”的心识中流出，主客观的对立对待完全消失。想到生命，心里很清楚是无始无终的，当下只不过是“这个过程里的突出之处”罢了。

这时候想起《金刚经》中说：无我相，无人相，无众生相，无寿者相……就会恍然大悟。

当然这样的人实在是太平凡了，一点儿神奇相也没有，法眼尚未清净的人根本没有办法了解他的那个境界。看出他一天 24 个小时“定即是慧、慧即是定”，是需要识真货的人才行的。

起修四无量心

佛陀教导我们发起菩提心，发起广大不可思议的愿力，真正入世办道，完成六度波罗蜜（布施、持戒、忍辱、精进、禅定、般若）的万行功德，对治自度自了的心理倾向，而我们需要起修四无量心。在古传的修行法门中，四无量心通过观照来训练，四无量心观又称“四等”，是和四禅四空定合称为小乘佛教的“十二门称”。

事实上，大部分人是稍有一点禅定的经验，就需要起修。

因为我们如此的容易厌恶他人、傲慢自负；又因为贪住定境，很容易贪图享受禅乐而什么都不想干，逃避作为一个社会人的责任。

那么如何起修四无量心呢？

首先从心底里看到所有人在无明的牵动下，轮回不息苦海无边。而后开始起修四无量心。

慈无量心：冤亲平等，不论远近，快乐着所有人的快乐，痛苦着所有人的痛苦，愿意让所有的人快乐安宁。常有喜悦、快慰、幸福和爱心出现在定境中。接着产生对所有人的真实关注和真正爱护，达到了无量无边的一种挚爱境界。再用这挚爱的情怀追索生命历程中曾经的有过，转回来延续这样的无悔人生的源流。

慈无量心，就是达到用精诚激扬个体生命的情感——温热自己，也温热所有的人。

悲无量心：苦难中的感知，总是远比欢乐中的体味更刻骨铭心。生命经历了挣扎、奋进、搏斗以后，又回归了“本色”——自它诞生之日起，便有万般忧愁，活着总是苦多乐少。无论如何显赫和辉煌，都无法逃离生命的原苦。顺利与礼遇，仍不能冲淡活着的困苦与失落。一念到此，痛切地悯念和爱护所有的人。

悲无量心，就是达到成就别人，就是成就自己的真实境界。

喜无量心：任何时候，每一个个体生灵，既生活着，就都会渴求拥有一个圆满的人生，而圆满人生的重要构成，就是内心的自由和喜悦。当所有的人在喜悦中，身心才会相对平衡，那么自性智慧的开发和培养、生命的无限丰富、心灵的无限自由才会成为可能。

喜无量心，就是能够以禅悦的喜乐为工具，传递和导引所有的人。

舍无量心：所有的人都是因有“我”而为“得到”活着，不得便会引起极大痛苦。应当以不取不着的态度面对自己的“所有”。以难舍能舍、不贪不得行持，便能尽可能地满足所有的人。

舍无量心，就是认真做事业、持苦行、负责任，所得所获能够回向众人、回馈法界，从不认为自己会从中真的“得到”什么。

世出世间上上禅和四无量心逐步融合，就达到了如来清净禅的要求，下一步必须入世办道了。

佛教《四十二章经》中说：贫穷布施难。修行人住在禅定中，贪着禅味越修越穷，无疑不是师长的错，对于他本人的生命也没有什么真实利益。所以尤其要精进勇猛地入世办事，将事业搞得红红火火，难行能行，难忍能忍，真实有效地做好菩萨本分，将六度万行当作本分干起来。

也有人很着急地表示：坚决不从明心见性——禅定入手，就直接“六度”好了。这么说的人真是有意思，不可思议。

这样子的直接“六度”法大约只是“六欲”，跟菩萨行持的六度波罗蜜一点都不相干。何况，六度波罗蜜中本身就有禅定、般若两项。

六度波罗蜜的一些要点

弃圣绝智或者如达摩祖师所说：廓然无圣——我们完全投入世间，做菩萨的本分道业，要让“无我”彻底变成生命的本能和习惯。

这个要求听起来高了些，但必须如此。当禅定的力量被退藏于密，我们会完全地和光同尘，被所有的人的心念所扰动。这时候，我们自己会如此真实地感觉到自己又成了一个“凡夫”——自己的心念常常变化无常，再也没有定境中那种恒定的感觉，看起来和别人一个样——然而这才是菩萨的“无我”。

把无我理解成什么也“没了”，毫无感觉无动于衷，无疑是一个奇怪而错误的看法。

但真正的境界还是不一样的。一般人的心念的变化无常里面，包含着很僵硬的特质。有人认为僵硬的想法就是不变的想法，其实僵硬和不变是不一样的。不变的应该是一个大的生命方向，譬如说对众人的悲心永远不变。如果是做事情的方法永远不变，那叫做我执。吃东西一定要从这样子吃起，不这样吃不行就痛苦，这是我执。

所以，到六度波罗蜜的时候，其他的都可以变，不变的是在悲心当中，在智慧当中，在精进当中，在六波罗蜜当中，这是有意义的。否则所说不变只是无明而已。

这样认清楚之后，我们对照佛陀的教导，在每一个刹那中，看看自己是不是在如来的清净禅当中？是不是随时随地在精进，在行六度波罗蜜？

但是有些人听到这些就马上开始胃痛开始紧张：“好可怕！我现在还不清净，烦恼多多，怎么办？”因为境界没有达到，希望自己立即要“达到”而产生了很大的痛苦，这是违反清净义的。

一个精进的人，绝对不会因为没有做到某些事情而产生痛苦，因为产生痛苦是错误的，我们应该很努力、很认真地去做某些事情，真正要惭愧的是没有努力去做。如果我们不明白自己到底有没有努力，这就是愚痴。

没有做到的地方，很清楚很明了地知道自己没有做到，但绝不是“马上”就要怎么怎么样，还必须以缘起法则去观察，去做，也就是不跟自己叫劲勉强，绝对不能因为因缘不到而痛苦。因为这种痛苦是伤害自己，它会让行六度的人更没有力量去做事情。

但是，为了不要去痛苦，却反而自我武装、自我防卫、自我欺骗，到处跟别人炫耀，一点也不能明心，护持自性，这也是错误。一旦落入这个错误，就要立即观照警惕。否则，要么不精进，懒散不想负责任，到处说空话变成一个浅薄的“佛油子”；要么精进，但是靠的是物质欲望的驱动力。

所以，如果不能看清楚自己的心事，看不清楚自己有没有精进，那是违反修证义。但是如果看到了而产生痛苦，则是违反清净义。

不管哪种情况，都是“我”的无明又跑了出来。现在，我们了解到了必须让“无我”成为本能、成为习惯的意义了。

我们要努力尽心去修行，一感觉到自己没有精进、圆满，就要不断地努力再努力，除了佛陀之外，谁又是真正的精进者呢？如果我们对自己的精进很自满，就更错误了。

生命是无始无终的过程，在如来清净禅里，我们不断地精进，不断地努力，现在已经精进了，但是我们不会满足的，我们要再精进，而且不会疲累。我们不会因为精进而产生自满——自满是很累人的，会傲慢会自负，会造成自我和人我的分裂和对立；我们也不会因为不精进而产生痛苦，痛苦也很累人——不会，我们只会不断地相续努力。

什么叫精进？没有休息叫精进吗？不是的，精进是指能使得上力，方向越来越清楚，越来越明白，越来越能真实行持六度波罗蜜，越来越自在，越来越有力。我们会越来越明白与诸佛体性清净不二，在这世间中行菩萨行。

所以，我们真实的精进原则是：有愿无望。

帮助每一颗佛心成长

佛性，用现代话来说就是“成佛的可能性”，这不是说不需要其他条件就一定能成佛。佛性、佛心代表成佛的可能，佛陀认为，只要能好好地帮助每一个人的佛心成长，人人都能圆满成佛。

佛陀了知每一颗佛心在各种不同因缘条件下成长的机会，观察每一颗佛心已经事先转动的痕迹。

佛陀明白，只有以每一个生命体为中心，以每一个人、每一颗佛心，以自己的特性为中心来帮助他们成长，而非用意识、情绪、喜恶来主导，这才是佛法教育。

教育原本是要帮助每一个人完成自己，现在，佛陀不只帮每一个人完成他自己，更帮助每一个人完成其成佛的轨迹。

所以，佛陀强调在这里弟子们必须把自我拿开，有愿无望，观察缘起，形成一条清净的道路，帮助众生成就。成佛就是利他利己，觉行圆满的过程。利他是帮助他人的佛性，利己是帮助自己的佛性，而使众人觉行圆满。这落实到生活上，就是一个佛菩萨的生活、菩提的生活，是拥有菩提心的生活。

我们如果活在其中，就是生活中的菩萨，不是只活在经典中的菩萨，我们过的就是菩萨生活。

人人是菩萨

佛陀的教化说明，菩萨绝对不只是让人供养在殿堂上而已，也不是供在寺院里，我们必须让菩萨走进我们的生活，活在我们心中。我们的手必须变成观世音菩萨的手，那么实然、那么贴切，帮助每一个众生，也帮助我们自己。

佛陀的教法在《华严经》中，对此作了具体的说明。整部《华严经》可以说是在每一个时代不断地重新上演，在每一个生命中不断地上演。《华严经》就像在记录一切生命在宇宙中奋斗成长的血泪轨迹。

它一开始是《世主妙严品》，显示释迦牟尼佛，各种世主、天神，不断地赞叹释迦牟尼佛，就像评剧中在主角要出场之前，先遣各种跑龙套的，出来宣说主角如何如何厉害，吊足大家的胃口。忽然间释迦牟尼佛现起，整个莲华藏世界海也就拉开序幕。标出圆满究竟的佛果、佛土，接着再告诉我们要怎么达到，怎么开始修行。

“信为道源功德母”，从信开始，十信、十住、十回向，到十地、十定、十通、十忍，等妙二觉，如此圆满了这些过程就成了。这是离世间，《离世间品》之后是《入法界品》，刹那间回落到世间，入于法界。

释迦牟尼佛在经中示现时说道：“稽首普贤恩”，毗卢遮那佛成就时说：“稽首普贤恩”，为什么呢？原来一切的菩萨行在《华严经》中都统摄为普贤行，普贤行是成就佛果之道，毗卢遮那佛之因即是普贤因，毗卢遮那佛之行即是普贤行，毗卢遮那佛果即是普贤果，这就是为什么要稽首普贤恩泽的原因。

我们每个人心中都有毗卢遮那因，也就是我们的佛性，所以每个人都具足普贤因。如果我们修菩萨行，那么就是行普贤行，成佛之后就是毗卢遮那佛。如此转动，落实到每个人身上就很清楚了。我们发起菩提心，就是善财童子了，我们修菩萨行时，就是普贤菩萨，一直到成佛，就是毗卢遮那佛。

我们看《华严经》，要把它看成自己的生活，把自己的生活转成《华严经》的生活，这样才是尊重奉行佛陀在《华严经》中的教导。

一生解脱显佛性

我们本具佛性，本来是佛。但为何没有成佛呢？其实是我们自认为没成佛，这是下劣想；可也不是下劣想，是我们自认为是下劣想。

这里，就有一个严重的问题：究竟什么是佛性，如何是佛？

我们通常见到的答案大约是“完美”的同义词；而这个完美也是他自认为的完美。再或者是庙里的金身塑像，只是把它理解成活的，存在于某个天堂一般的佛国中。

其实万有都是佛性的一大化现而已。或者用佛教的说法：是毗卢遮那佛的化现。

佛陀说过，自己和众人一样，也是毗卢遮那佛的化身。

我们每一个人都是毗卢遮那佛的化身。只是我们不认为自己是毗卢遮那佛的化身，如此而已。

我们乐于在无明中建立“我”，乐意执迷而不寻求“本来面目”。

这就是问题所在。其实也没有问题，只是大家认为“有问题”。

禅宗有位师父曾经将前来询问“如何是佛？”的学僧打了一顿，然后说：“真荒唐，你自己的东西，还来问别人。”

我们一般很难理解禅师的气愤，顶多当个笑话。但禅师说的是实相。

那么，我们能否今生开发佛性，今生健康，今生解脱呢？

在佛陀的教法中，答案是肯定的。无论是显宗的即心成佛还是密宗的即身成佛，都肯定我们今生可以解脱。

即身成佛的理论基础是建立在个别的小宇宙与外界的大宇宙交摄统一起来的形态。

密宗将六大（地、水、火、风、空、识）引进即身成佛的体系中来，也就是说我们要起修我们自身这个小宇宙，成就我们自身这个佛国，用这个小宇宙广摄成就无限大宇宙。

“我”自身这个小宇宙能广摄成就无限大宇宙？

这在一般观念中简直是太不可思议了。就每一个人而言，每一个人修证成佛，境界就会进入毗卢遮那佛的世界，这个时候宇宙是没有边际的。

那么哪里是宇宙的中心点？答案是：每一个地方都是宇宙的中心点，

■ **菩提伽耶**

释迦牟尼佛悟道成佛处。经典记载，佛陀经历六年苦行之后，行至此地，于毕钵罗树下之金刚座上结跏趺坐，证悟十二因缘、四谛法等，而得正觉，故毕钵罗树又称菩提树，即“觉树”之意。

每个人都是宇宙中心。

你只要一作用，就可以是宇宙的中心点，但是宇宙中心点自身绝对不妨碍对方为中心点，也不妨害全部的对象为宇宙的中心点。这里是完全开放性的，完完全全的开放境界。

正因为如此，小宇宙才能广摄成就无限大宇宙。

这样的开放是从佛陀的教法当中，从“无我”的习惯当中所产生的力量，所以说即身成佛是要具备一定条件的。

以自己为宇宙

我们在追求即身成佛时，要先转化自身这个小宇宙。我们自身也是个小宇宙，也具有时、空、心，也有四大的属性，所以我们自身就以正见来摄受，指导我们自身的四大，借由修持使我们这个小宇宙圆满。

在密宗的无上瑜伽部里，以自身为坛城，自身就是宇宙法界坛城，自身就是宇宙一切佛所居住，自身即寄居于法界当中。

这种说法有什么根源？在《华严经》里：或以菩萨身为净土，或以诸佛身为净土。《大乘庄严宝王经》里面说，观世音菩萨的毛孔能够含摄十方佛土，普贤菩萨到他的毛孔里面旅游了12年，还差一点迷路。从这样的看法来讲，大家自身当中有无量诸佛安住其中。

《华严经》里的世界观很有意思，它不只是建立以有形的土地为世界：时间可以成立一种世界，思想也可以是一种世界，光也可以是一种世界，音声也可以是一个世界，这些都可以作为宇宙的安立之地的。所以说可以有无量无边的宇宙。

因此，我们不要小看自身，要超越妄想执着，以自身五蕴为佛身为法界身，修证自身的小宇宙与整个法界大宇宙相应，从而超越现有宇宙的生成基因——成、住、坏、空，超越由我执所成的世界，建立真实的净土。再回转过来，净化和庄严外在大宇宙。

关于小宇宙跟大宇宙的交涉交融，就天台宗或是净土宗所建立的是：我们自身以自己为体性，以自性（法身佛）为我们的法界体性。我们的净土就是由我们的八识转换的，报身是第七意识转的，而成所作智是转前五意识，转第六意识为妙观察智，由此能够作幻化千百亿化身。

为什么是这样子呢？在生灵为第八意识，是含藏一切种子识的记存体；而在诸佛来讲叫做大圆镜智，是一切过去净业所成，具一切大功德的。

首先，让我们来了解如何对待“身”，也就是肉体这个“自性众生”。有许多人初入门时，为了对治以前过分严重的物欲，以“臭皮囊”的眼光看待身体。当然这是必要的，但一执着就坏了。

我们必须深刻地了解：这是对肉体这个众生怀有敌意的态度。在有了一定的出离心和解脱力以后，就要舍掉这种知见，否则就会产生肉体和自身的不统一，有许多修行人后来身体越来越差，除了没有真正进入禅定的修证外，也与这种态度有关系。

就即身成佛而言，进入初禅境界时是色界状态，此时身体会产生比较稳定的地、水、火、风、空，这是很稳定的自身小宇宙相。在《金光明经》里面说：地水二蛇向下，火风二蛇向上。地、水二大的属性是向下，风、火二大是向上，在初禅时各住其本位，所以四大体性很稳固。有了这样一个最基本的基础，我们追求即身成佛就有了身体这个本钱。

其次，让我们来了解如何对待“心”，也就是识——这无疑是无边无量的众生了。我们在分分秒秒间会产生多少“识”呢？恐怕没有人能说得清。但我们要了解，相对于外在时空而言，我们自身是次元时空，而这些“识”都是我们自身这个次元时空下一个层次的次次元时空的生灵。

现代心理学研究发现，每个人的每一个想法，背后都有他亲身的经历和他自己的思维逻辑在支撑。反过来说，每一个想法都靠在了“经历”这样一个时间上，“逻辑”这样一个空间上。每一个想法念头都又在互相影响、互相关联，还能“广摄成就大宇宙”，因为想法和念头可以让我们自身快乐或者痛苦，当然也可以让我们自身转识成智，成就佛果。

从这个现象观察，我们就能知道什么叫“芥子纳须弥”。

只不过以前，我们从有“我”的习惯出发，控制和占有想法念头，于是反被控制和占有，我们掉到想法中烦恼不已，让自身这个小宇宙、念头这些次次元时空的生灵完全成、住、坏、空，成了轮回相。

现在，我们要对它们慈、悲、喜、舍，转识成智让它们成为我们的清净大海众菩萨，它们所依的时空成为净土佛国，这样就能将一切过去化成净业，具一切大功德。

于是从初地菩萨以上，开始有了净业，地地净化。而净业背后的动力是什么？其实所有的净业是来自于根本的大悲愿力，这就是动力。所以，自身就能够与法界交融。

这一根本的大悲愿力对自身是这样，对别的人、别的生灵也是如此。如果对自己能“大悲”，对别人就不行，那么即身成佛的前提条件就压根不具备：没有养成无我的生命习惯。

从初地、二地、三地……到十地菩萨，等觉、妙觉菩萨，进入最后金刚喻定，在金刚喻定里，一念忆起，现证成佛。而现证成佛后，修行人就

■ 人如天上皎洁的满轮明月，马像空中飘动的无瑕白云，当城内的万象还在睡梦中编织沉沦，志存高远、心意坚定的乔达摩·悉达多已奔驰如流星一般，向着真理，从当下出发！

会观察缘起，依止于相应个人的因缘，就开始要以佛的广大境界来教化大宇宙，所以世界又重新出现了——下一个阶段的六度万行。

比如《华严经》所说的境界是：始成正觉的毗卢遮那如来首先出现在《世主妙严品》，这一品是一切世间主、修行人，过去与他有因缘的都来集聚一起来赞叹佛。赞叹之后如来现相，就开始以他广大的境界来教化了。

那么之后如何修持？就从十信、十住……十定、十通（详见《大智度论》）到达最后毗卢遮那佛圆满境界，次第修学，到最后能远离世界，远离世界之后，转入现前世间而入世间，于是入法界品出现了。《入法界品》是在世间行道，即入法界，此次的“世界”对他来说是法界。那么另一种则是在《法华经》里面，毗卢遮那如来证入久远成佛的本师释迦牟尼佛，法、报、化三身总持于一身，教化十方世界。

《华严经》中的法界

《华严经》中有《华藏世界品》。这一品的文章是由普贤菩萨来说明毗卢遮那如来所庄严清净的“华藏世界海”之形状景况、风土人情，并特别回答了佛世界海（宇宙观）、众生海（生命观）等问题。

“华”，指的是莲华；“藏”，意指莲华含子之处。因为华藏世界中所有的世界、世界种，都含藏于大莲华之中，都住在大莲华之上，所以才称为“华藏”。而此华藏世界，是毗卢遮那如来在修菩萨行时，亲近世界海微尘数的佛陀，修治世界海微尘数的大愿，所在庄严清净而成的。

华藏世界位于何处呢？它是由广大而繁多的风轮扶持着，这些风轮一个接一个层层往上，最上方的一个风轮称为“殊胜威光藏”风轮。此风轮扶持着“普光摩尼庄严香水海”。

这个香水海中有一大朵大莲华，名为：种种光明蕊香幢，华藏世界就安住在这朵莲华当中，有金刚轮山在四方周匝围绕着。

这种风轮扶持香水海、海中有华的状相，如果依生灵而说，是妄想风持如来藏识、法性海，生无数因果，含摄世、出世间未来果法。如果依诸佛境界而说，是以大愿风持大悲海，而生无边行华，含藏万境，重叠无碍。就心性性体来说，蕊香幢莲华的生起，是表示于根本智中起差别智、行差别行。

华藏世界有庄严清净的大地，又有不可说佛刹微尘数的香水海，这每一香水海当中，又各有四天下微尘数的香水河右旋围绕着香水海；大地、香水海、香水河，皆是世界海微尘数的清净功德所庄严，同时，显现所有化佛、神通自在、一切变化周遍、所修愿行等等境界，表达一人一切、一切一人、体相如实无差别的境像。

华藏世界中有为数不可说、不可数的香水海，每一香水海皆有一个世界种类安住，每一个世界种类中又都安住了不可说数的世界。这些世界海的结合，就像帝释天的珠网一般，以一大珠当中心，第二层珠贯穿围绕此珠心，第二层珠再各为珠心，让第三层珠贯穿围绕，如此次第辗转相递绕，形成四面八方看去皆是纵横相从的网状，各珠之间皆能交相互摄。

《华严经》中欲彰显这种庄严的境界，故以中间的香水海为主轴，广陈别说华藏世界海中层层相摄的情形。如此更能体会到这个不可思议的世界海。

最中间的香水海名为：无边妙华光香水海，其世界种称为：普照十方炽然宝光明世界种，其四周有十个香水海围绕。每一个香水海一定配一个世界种，一世界种中必包含二十重世界。

所以，这十个香水海又各领有不可说微尘数的香水海，就形成十个不可说佛刹微尘数的香水海。有这么多的香水海，就有如此多的世界种，而每一世界种又各有二十重世界，如果写成方程式表示世界的数量，就是：十个香水海 × 二十重世界 × 不可说微尘数香水海。

而这样的景象都围绕在中间的香水海（无边妙华香水海）四周，中间的香水海本身亦有二十重世界围绕。重重世界重重佛土交互为缘、交互映摄含藏清净妙严，无量光明。

华藏世界的形状如此，华藏世界的所有庄严境界，能现诸佛境界，众生三世所行行业因果亦总现其中；就如百千明镜俱悬四面，前后影像互相彻照。因为一切法空之谛，故能隐现自在，而有“一念现三世，十方世界于一刹中现”等等无碍境界。

又“诸佛国土如虚空，无等无生无有相，为利众生普严净，本愿力故住其中”，这无碍的大用皆因诸佛本愿力的缘而显现。若以如来大愿智力，则众相随现；若随法性自体空性，则众相皆无，此便是随缘不变、不变随缘的展现。

如此隐现随缘自在，却不离一真法界、一真之智，这就是华严世界的不可思议境界；亦是普贤菩萨的愿行所契入的广大福智境界。这样的世界相亦是法界相，交互映摄、大小互容，诸佛每一毛孔中含藏整个法界，每一世界中的诸佛又含藏全部法界，每一世界又返回容摄诸佛之毛孔，不断不断地交互容摄，显现无尽缘起的不可思议境界。

《华严经》中说整个法界是大小相互含容的世界，是无限交互圆融的世界。

一粒砂中是一个宇宙，整个宇宙也是宇宙，这是第一层结构。就更深一层来讲，这一粒砂中的宇宙可以涵容整个宇宙，涵容整个外在的大宇宙。再往深一层，这一粒砂中所涵藏的整个宇宙中，又反涵藏着这一粒砂。如此继续无限制地下去，就成为一个无限交互圆融的世界，这就是华

■ 南无本师释迦牟尼佛

严世界。

如果我们放弃简单宇宙的概念，放弃一是一、二是二的概念，放弃此方彼方的概念，放弃所有一层层宇宙的概念后，就能跟无限交互圆融的宇宙相应。

华严世界海是整个世界群，个个是相摄无尽、相互圆融的。

华严的正确知见

因此《华严经》中的宇宙说明，其实也正代表它的修法，它的正见，而各种宇宙万象就是华严境界。

华严的正见是什么呢？是圆的见地，所以才说“大小相容”、“彼此互摄”，才说“十方三世同时炳现”、“当下即是，遍十方三世”。是上穷佛志，下含一切众生的现前世界，不舍一切现前世界，从性起反观照到现前一切，处处皆圆，随拈一处，无处不圆，随拈一处即是华严世界海；随拈一处，一粒沙一粒尘，周遍法界，含融一切法界，能含容无限大，也能含容无限小，一刹那能含摄无穷的时间，无穷的时间能够含摄一刹那。

莲华藏世界海或称为华藏世界海。从整个《华严经》中来观察，莲华藏世界海是毗卢遮那佛在金刚道场始成正觉的时候，所现出的圆满宇宙相。也就是说在金刚菩提座下有一个人始成正觉，而他成就正觉之后，相应于他的清净圆满，也现起圆满的完全时空外在世间，这个世界所显现的境界就叫莲华藏世界，或叫华藏世界海。

《华严经》说“十方三世同时炳现”，只有断舍过去心、现在心、未来心，才能够通摄三世，《华严经》更将三世扩大为十世，过去中也有过去、现在、未来三世；现在也有过去、现在、未来三世；未来也有过去、现在、未来三世，总括这九世就是十世。

就解脱而言，这十世如何脱落？我们必须将时间的锁链切断，透视到时间的本心，这才是进入到华严世界海。如此，还要还落在世间，这是不可思议的上下双回向的境界，这是性起、观照，是不可思议的境界，使十方三世同时炳现，再次化入到整个现前的一切。

无悔的一生

一个真实解脱的人，以出世间的心，以出离的心，以远离、不执着的心，以如幻的心来看这世界。

但是由于悲心的缘故，在如幻、远离、不执着后，重新回入世间，融摄一切来为众人服务，永不后悔。永不会后悔，没有一丝遗憾。

所以，再次化入眼前的一切，即回归世间，即是“一花一世界，一叶一如来”。

抬头青山苍翠，放眼人人是佛。

舍利弗圆寂的时候，很多弟子非常伤心，伟大的尊者舍利弗竟然这样就走了，他走得未免太快了吧！阿难看到这种情形，就代表大众去问佛陀：“这么伟大的成就者，这么有智慧的舍利弗就这么走了，什么都没留下。”

佛陀就对阿难说：“阿难啊！舍利弗虽然已经过去了，但是舍利弗尊者的戒消失了吗？”

阿难说：“没有。”

“舍利弗的定消失了吗？”

阿难回答：“也没有。”

“舍利弗的智慧消失了吗？”

阿难说：“没有。”

“舍利弗尊者的解脱消失了吗？”

阿难说：“也没有。”

“那么舍利弗的解脱知见消失了吗？”

阿难说：“没有，世尊。”

“既然舍利弗的戒、定、慧、解脱、解脱知见都没有消失，你怎么能说他什么都没留下呢？”

舍利弗尊者留给我们的是五分法身——戒、定、慧、解脱、解脱知见这五分法身。《六祖坛经》中的五分法身香，指的就是这个。

像舍利弗这样一个大修行人，他是无悔的，因为不忍见佛陀先他而去，所以他请求佛陀：

“佛陀啊！我知道您将会比我先圆寂，但是我实在不忍。就佛法而言，佛陀的大弟子一向都是先佛而走的，请您允许我先入灭吧！”

他走了，但并不是什么都没留下，而是留下了五分法身。虽然舍利弗尊者已经圆寂，却留下了如幻的智慧、慈悲，他是无怨无悔的，这样的典型常留在我们心中。佛陀不也是如此吗？

我们慢慢学习，到达这种境界，接着要达到一生的无死修证。真的用心了，而且有一定的成果，再来，我们则将智慧的法水，用悲心倾倒在每一个人的心中，回馈给众人。

一个追求解脱的人，今生向佛陀学习，终究能够达到真实解脱的目的。

又因大悲心的缘故，以无死的心境在人间游历，每一天都是好日子，每一个地方都是好道场，社会就是他的菩萨道场，就是他的金刚坛城，在此要随缘说法、随缘教化。

怎能不解脱？怎么会后悔？

后记

正心堂的赵一澄导演和我谈到有位高僧在佛前燃烧自己的食指，以此功德回向给正心堂时，我们二人当时眼泪就都下来了……

回首学佛修行的心路历程，最难释怀的，正是这些菩萨无私无畏的教导与帮助——既是鼓励，也是鞭策。

佛恩浩大，无以为报……

想起当年读佛陀所说的《妙法莲花经》，那部经典直撼心灵的力量和空谷幽兰般的至美，至今想起来还历历在心。那种情怀，一直滋养着我少慧少福的干枯人生，这就有了《和佛陀一起去修行》这部书。承蒙朋友们看得起，发行得很好，也由此结识了不少好朋友。

有不少朋友见面时声称，以前没有想到佛法可以这么生动，看了《和佛陀一起去修行》，感觉佛法太好了，佛陀太伟大了。除了这样的鼓励，北京紫泉心智文化俱乐部的韩利民先生也发心，希望以书中主人公“喜见”在六道轮回中的故事为纲要，创作一部影视类的剧本，在郑挪和黄鹤两位专业编剧的大力支持下，就有了此次修订版的第一部分：《轮回》。

这个部分，其实就是想以现代人喜闻乐见的玄幻笔法，写写佛陀对于生命观察的重点——轮回。

六道轮回——认识到生命是在无尽的轮转中没有办法自主，受尽苦难而只能随业滚转，是全部佛法的基础。理由无他，整个生命界的命运，原来：

同是天涯沦落人。

此外，佛陀说诸佛的境界是“无缘大慈，同体大悲”，在“众生平等”的精神中周遍地、平等地、毫无条件地、毫无拣择地爱一切生灵，并且诸佛拥有“无量无边”的威力神通——那么，他为什么不发挥一下自己无边的神通威力，于一刹那令所以生灵出离苦海，让你我从此永远解脱烦恼痛苦？

其他宗教也声称他们的神爱我们，神能力无边，却根本看不到对这个疑问的正面回答。

然而佛陀不一样，他解释说诸佛亦有三不能：定业不可改，无缘不可度，不能度尽众生界。

因此，本次修订版中《轮回》这个部分，即重点讨论了轮回，也根据经典中所说“诸佛有三不能”回答了：为什么我们这个世界里佛陀明明现世了，然而轮回却还在继续。

我想，我们可以明了：虽然佛菩萨对我们永不放弃，但轮回锁链的斩断毕竟还要靠我们自己努力。

在本次修订版《轮回》这个部分，为了将这“三不能”更具象地表现出来，我胆大妄为写成“四不能”。诸佛为何“不能度尽众生界”？如果诸佛能够把他们觉悟到的智慧，像电脑间的拷贝一样“拷贝”进我们的大脑，我们还会有什么无明疑惑吗？这就是“智慧不可赐”的来由。

至于“真法不可说”，见《金刚经·非说所说分第二十一》：“须菩提，汝勿谓如来作是念，我当有所说法。莫作是念。何以故？若人言如来有所说法，即为谤佛，不能解我所说故。”试想，如果“真法”可说，语言文字说得明白，那天底下的聪明人只需要看看经典听听讲经，然后个个都开悟解脱了？根本没有这回事。那个究竟的真理，毕竟是超越语言文字的。

在此，再次向习惯了“经典传统”的朋友们道歉，请原谅我的胆大妄为。

陈　阳

2010 年 2 月　于北京

附录：喜见想要的那条河流

一、深深海底行，高高山顶立

在无量久远的往昔之世，有一个人，谁也不知道他从哪里来，又要往哪里去。

他自称喜见。行走于过去世、现在世、未来世。

他大有智慧学问，掌过生杀威权，也经历太多悲欢离合。

时间有着光影声色，只遗憾尘世的碌碌之人，不晓得他们的好处，不能知闻他们的面目，看不清看不见。

而喜见，作为天生时间的歌者，本该放旷于有人处、人多处、无人处，利落跌宕地歌上一曲，作逍遥游。

他若是不想，不思不虑，也不减他对世人的半点情分。

可是，倦鸟思归啊，他停留在无垠的虚空。

这时候，他看到一个人向他走来。

这人有三十二相，八十种好，他一头的卷发，颅顶还装了一颗宝珠，听说是龙女孝敬他的。

当然，这个人是佛陀。

喜见问他："您早已涅槃，为什么又来？"

佛陀笑笑："涅者不生，槃者不灭。无有涅槃佛，无有佛涅槃，呵呵。反正，一切很妙，在夜晚，听大千世界种种声音，你不觉得很妙吗？"

"我没法学您，觉得很'妙'。您过去已经成佛，传我《妙法莲花经》，你是燃灯佛。可你宁愿做提婆达多——为磨我成佛，你与我同入地狱，无数生地害我性命，无数次地抢我的女人，无数次地被误解、被谴责……你不惜代价、不计成本——只为我这个不争气的学生……”

喜见声音高亢，眼见着情绪激动起来：

“我很奇怪您为什么能够对每天重复的东西抱有不变的热忱。比如，你能够不停地来到这个世界，超过八千次了吧，你还是乐此不疲。我也努力地向你学习着，但我累了。真的，我厌倦了在路上总是不知道方向地行走。”

“我伟大的导师，世间最尊贵的世尊，说心里话，有时候我觉得您的心真的是金刚石做的。你看着学生们沉沦进去，生生死死，就像现在的我这样。而您看着这一切，还能觉得‘妙’，我做不到。”

佛陀看着喜见：“在如来眼里，大千世界是大悲的流行；在菩萨的眼里，却是亟须救度的火狱。”

喜见喃喃地道：“只是，只是我不能像您那样的太上忘情。”

佛陀又说：“你生生世世不是一直在念我想我吗，现在我来了。走吧！你想在这里呆着，还是和我到天地里宽宽广广地走一走？”

二、到宽宽广广的天地走一走

越过一个又一个山头，喜见跟随在佛陀的身后，看着太阳的升起降落。

喜见对天空的每一颗星星充满崇敬之情。

他们的脚步从现代走到了古代，走过了世界上的任何一条河流，走过战争、饥饿、同情、眼泪。

直到有一天喜见告诉自己的导师——他什么都看不见，他要回到家乡，要拥有属于自己的一条河流。

直到有一天他的头发如草，言语不多，直到所有的人世间的奥义不值得再去思考。

佛陀说："是的，你已经认识，直升彼岸，获得解脱。不生不灭者，实相无相，不粗，不细，不短，不长，不红，不湿，非影，非风，非空，无粘，无着，无味，无嗅，无眼，无耳，无语，无意，无光，无口，无量，无内、无外。他无所食，并不为它物所食。是的，世界上已经没有你不知道，你不认识的。"

星星慢慢地坠落在佛陀的手中时，佛陀淡淡地问："你要留在彼岸，还是回到人世间？"

喜见跪了下来，他说："彼岸已经在我心里，一刻未曾远离。但我需要光，需要太阳、星辰和月亮。我需要岁月，我需要人群，没有他们，我无法完成自己。"

喜见抬起眼睛："您不也是这样过来的么？难道不是这样吗？"

佛陀看到喜见的眼眸大放异彩，似乎混合了一切感情，清净而浓烈，尊贵而卑微。

佛陀也看到喜见的未来，他想着那个被圈在"无忧宫"里饱受欺骗，以为一切都很美好永恒的太子。

他收回了目光，叹了一口气，说：再走走吧。

喜见和佛陀沿着时光留下来的幽玄通妙的回廊——或者称之为历史——一步一步地转过每个转角，像走在长长的悬空的栈道。喜见突然想起在某个城市某个人，他曾经说过一句话——你可知道，每天晚上做梦无异于有机会领受圣餐。

当月光照在喜见的眉毛之上，他抬起头，他的心里震惊了，是这里吗？

——起伏有致、层层叠叠的屋顶上，月光如中国北方的雪，面前是一座用石头一块一块垒起来的城市，涌动着亿万生灵的声音。

正是这里。

恋恋红尘。

近了。

人群。

绝对没有自己，永远无私地去爱，永远无私地服务。

从过往直到无尽的未来。

三、一个人的宗教

从此处死，在彼处生，生命的轮回，就像永不停息的一条河流。
把河流给我。喜见说。

你的眼泪就是你的河流。佛陀说。难道你不知道吗？回去，你将生生世世等着爱，等着老去，等着死亡，值得吗？

我不知道了，我只需要一条属于我的河流。

你可以一个人走路，你不需要牵绊，你不需要拐杖，你是有福。
你可以等待。停留，歇息。生活。
你每天沿着欲爱的道路来去上下，道路阴暗，面目黝黑。
你将像演员一样的表演着自己，你将再也看不到海上的日出。

我不知道了，我只需要一条属于我的河流。

有一天岁月会辜负你的热情。
那时候你会莫名其妙的为一些不相干的人和事忧伤。
那时候你会终日危坐，你会涕泗交流，你会喃喃自语。
那时候你的听众只剩下生锈的墙壁。

我不知道了，我只需要一条属于我自己的河流。

那一条河流离你很近。
你永远不能跨越。
除了我，别人再也见不到真正的你。
你将双眼失明，心里却痛苦地听见一切声音，响在现在，响在将来，响在过去。

因为你已经知道天地间所有的秘密。

我不知道了，我也不想知道，我只要属于自己的一条河流。

佛陀笑了。
——你和我所有的徒弟一样，好，好。
过来，在我的手心上滴下你从眼角滑出的液体。
我会让它永无断绝。
就像星星永远不会从天上消失，就像花朵永远开在女人的脸上。
就像疾病跟随在你的左右，就像苦难是你惟一的日记。
你有一个人的宗教。

佛陀笑了。
——以后你要用阳光灌溉阳光，你要从诗到诗。
你一说话，墙壁就开始记述。
你的回忆使南方更南，北方更北。
你拥有一个偏僻海岛的所有词汇。
你了解一切声音，通达所有的咒语。
偏偏你完全失语。

佛陀笑了。
——我还留下我的诅咒。
你将深深地沉沦。
你将面对无穷无尽的泪水。
你将像飞鸟坐在自己的飞翔之上。
你可以开口说你内心最美的美学。
却只有我懂。

佛陀笑了。
——放弃你所有的能力，所有的智慧。

完全放弃你的记忆。
你不会再有健康的黎明。
然而想像在黎明之前已经到你的怀里居住。
你伸手就超越了自由，因为连同祝福这样的草叶都不长叶子。
美丽的春天不再为你打扫橱窗。
放弃欢乐，牺牲尊严。
我在这里等你。

佛陀笑了。
你已经永远无我。
我给你那条河流。

头顶上一叶槐叶轻轻地凋落，掉落在两个人中间。
喜见问：“您还能看到我吗？”
“你希望我来看你吗？”
喜见摇了摇头。
也许他在说——我不知道。

喜见得到了他要的河流。
许多世过去了，喜见是侠客、商人、国王、王子、乞丐、和尚……
他再见过老人吗？
一见便不需要再见。
偶尔，会有些声音掉下来了，发出响声，喜见不理。
懒得。

喜见在我们中间的时候，该是什么样子？
飞身高举，一如行路；心中念念的，却是谁人？
一杯酒，他就到了江南；一阵风，他便来到了地上。
和人们相亲相近，和人们言语，和人们恨爱情仇。
虽是空梦，也是情真，虽是情真，转为无情。
空山藏着旧梦，指间剪去繁华，迎面来的，再不是旧时相识。